우리말 법화경 사경

도서출판
좋은인연

우리말 법화경 사경 제3권

姚秦三藏法師鳩摩羅什奉詔譯
(요진삼장법사구마라집봉조역)

제5 약초유품   12

제6 수기품   40

제7 화성유품   69

우리말 법화경 사경노트를 내면서

　법화경은 교상판석의 분류를 통해 보면 그 교리적 위치를 확연히 알 수 있습니다. 사실 교상판석을 통해 보지 않더라도 우리 불자들에게 널리 읽히는 것만 보더라도 얼마나 중요하고 대단한 경인지 알 수 있습니다.
　법화경이 이렇게 중요한 것은 법화경에 부처님의 대단한 메시지가 들어있기 때문입니다.

　그렇다면 어떤 메시지가 있는가?
　첫째, 삶의 자신감을 가져다줍니다.
　법화경에는 많은 수기 이야기가 나옵니다. 심지어 여러 방법으로 부처님을 해하려고 했던 제바달다에게조차 부처님께서는 '과거 인연공덕으로 너도 후일 부처가 될 것이다' 라고 말씀하십니다. 그래서 법화경은 우리에게 희망의 메시지를 주는 경인 것입니다.

　둘째, 이 법화경은 공간에서의 평화를 제공합니다.
　법화경은 통일원리, 개권현실경이기 때문에 이 경전을 통하면 가정이든 사회든 사람 사는 어느 곳이든지 모두 평화를 주는 그런 힘을 가진 경입니다.

셋째, 영원한 생명력을 깨닫게 해줍니다.
영원한 생명력이신 부처님의 그 영원한 법신, 본래 부처님 본불(本佛) 사상이 다 드러나 있기 때문에 우리에게 영원한 생명력이 무엇인지 그것을 깨닫게 해줍니다.

넷째, 제 25품 관세음보살보문품과 같이 부처님의 불가사의한 힘을 우리에게 나타내면서 바라는 바를 성취시켜줍니다.
다시 요약하여 말씀드리면 이 법화경의 힘, 법화경이 가지고 있는 그 공덕, 법화경이 담고 있는 메시지의 힘은 네 가지입니다.

첫째, 삶의 자신감을 준다.
둘째, 공간에서의 평화를 제공해 준다.
셋째, 영원한 생력을 깨닫게 해준다.
넷째, 바라는 바를 성취시켜 준다.

영국의 유명한 역사학자 아놀드 토인비가 1975년 마지막 강의를 하면서 다음과 같은 질문을 받았습니다.
"20세기 가장 큰 사건이 무엇이라고 생각하십니까?"
아놀드 토인비가 말했습니다.
"동양의 불교가 서양에 전래된 것입니다. 세계 평화를 가져다 줄 종교는 불교밖에 없기 때문입니다."

그만큼 불교가 유럽에 소개된 것은 큰 사건이었습니다. 그리고 토인비가 말했습니다.

"제가 여러분께 권하는 10가지 책이 있습니다. 그 중에서 불교경전인 『법화경』을 꼭 읽어보시기 바랍니다."

법화경은 토인비의 말대로 평화의 메시지, 평화의 힘이 있는 경전입니다. 우리는 모두 평화를 갈구하며 살고 있지 않습니까? 가정에서나 사회에서나 인간관계에 있어서 평화만큼 좋은 것이 없습니다. 바로 이 법화경에 그 평화의 메시지가 깃들어 있다는 말입니다. 공부하시다보면 왜 그러한지 알게 되실 것입니다.

그래서 옛사람들은 '용을 그리고도 용의 눈을 그리지 못하면 용을 그리지 못한 것처럼 많은 불교경전을 공부하였어도 법화경을 공부하지 않았다면 불교공부를 다하지 못한 것과 같다'라고 말하였습니다. 즉, 모든 불교경전의 결론을 내는 공부가 바로 법화경입니다. 그만큼 중요한 경전을 우리가 현재 만나고 있는 것입니다.

無一 우학 스님의 〈법화경〉 강의 중에서
- 도서출판 좋은인연 편집부 -

사경의 의의

　사경이란 경전 말씀을 따라 쓰거나 옮겨 쓴다는 뜻으로 기도 수행의 한 방편입니다. 사경은 스스로 그 마음을 맑혀가는 거룩한 자기 불사(佛事)입니다. 이렇게 사경한 종이는 탑 등에 봉안되는데 불국사 석가탑에 모셔져 있다가 얼마전 세간에 알려진 무구정광 대다라니가 그 대표적 예입니다.

사경의 공덕

　깨끗하고 맑은 마음으로 부처님의 원음(圓音)을 옮겨쓰는 불자는 이미 윤회의 고통을 벗어나 있습니다. 정성다해 사경하는 이에게는 불보살님의 가피와 위신력이 있어 일체 모든 장애는 사라지고 기쁨이 늘 충만한 삶이 전개될 것입니다.

- 사경의 공덕이 탑을 조성하는 것보다 수승하다(도행반야경 탑품).
- 만약 어떤 사람이 경전을 사경, 수지, 해설하면 대원을 성취한다(법화경 법사공덕품).
- 무수한 세월 동안 물질로 보시한 공덕보다 경전을 사경, 수지, 독송하여 다른 이를 위해 해설한 공덕이 수승하다(금강경 지경공덕분).

사경 순서

1. 몸을 청정히 한다.
2. 부처님 사진 등을 모시고 향을 피운다.
3. 예불을 올린다.
4. 사경 발원문을 독송한다.
5. 정성껏 사경에 들어간다.
6. 사경 회향문을 읽고 부처님 전에 삼배한다.

사경발원문

사경제자 _____ 합장

사경시작 _____ 년 _____ 월 _____ 일

기도를 하게 되면 부처님을 온몸과 마음으로 사랑하는 일이 됩니다. 기도를 할 때는 오직 기도만 할 뿐입니다. 기도의 핵심은 내가 얼마나 지극히 부처님을 사랑하느냐 마느냐에 있는 것이지, 성취하느냐 마느냐의 집착에 있는 것이 아닙니다. 그래서 기도를 할 때에는 모든 것을 다 놓아버리고 오직 사랑하기만 해야 합니다. 오직 부처님 전에 몸과 마음을 다 바치는 정성만 있으면 됩니다.

기도는 바로 성실이요, 정성이라고 생각하시면 됩니다.

– 無– 우학 스님의 〈법문 속의 명구〉 중에서 –

제 오 약초유품

 그때 세존께서 마하가섭과 여러 큰 제자들에게 말씀하셨다.
 "착하고도 착하구나. 가섭아! 여래의 진실한 공덕을 잘 말하였다. 실제로 네가 말한 바와 같으니라. 여래는 한량없고 가없는 아승지 공덕이 있나니 너희들이 한량없는 억 겁 동안 말한다 하더라도 다 하지는 못할 것이니라.

第 五 藥草喩品

爾時世尊 告 摩訶迦葉 及 諸大弟子 善哉善哉 迦葉 善說如來 眞實功德 誠如所言 如來復有 無量無邊 阿僧祇功德 汝等若於無量億劫 說不能盡

가섭아! 마땅히 알아라. 여래는 모든 법의 왕이니 설하는 것은 모두다 허망하지 않느니라. 일체의 법에 대하여 지혜와 방편으로 설하였으며 그 설한 법은 모두다 일체지지에 이르느니라. 여래는 모든 법이 나아가 귀착되는 곳을 관하여 알며, 일체 중생이 마음 깊이 행하는 바를 알고 통달하여 걸림이 없으며, 모든 법에 대하여 남김없이 밝게 알아서 모든 중생에게

迦葉 當知 如來 是諸法之王 若有所說 皆不虛也 於 一切法 以智方便 而演說之 其所說法 皆悉到 於一切智地 如來觀知 一切諸法之所歸趣 亦知一切衆生 深心所行 通達無礙 又於 諸法 究盡明了 示諸衆生

온갖 지혜를 보이느니라.

　가섭아! 비유하자면 삼천대천세계의 산과 내와 골짜기와 땅에서 나는 풀과 나무와 울창한 숲과 약초들은 그 종류가 여러 가지이고 이름과 모양이 제각기 다르니라. 짙은 구름이 가득히 퍼져 삼천대천세계를 두루 덮고 일시에 골고루 비를 내려 그 비로 두루 적시면, 풀과 나무와 숲과 여러 약초들의 작은 뿌리와 작은 줄기, 작은

一切智慧 迦葉 譬如三千大千世界 山川谿谷 土地所生 卉木叢林 及諸藥草 種類若干 名色 各異 密雲 彌布 遍覆三千大千世界 一時等澍 其澤 普洽 卉木叢林 及諸藥草 小根小莖

가지와 작은 잎, 중간 뿌리와 중간 줄기, 중간 가지와 중간 잎, 큰 뿌리와 큰 줄기, 큰 가지와 큰 잎은 나무들의 크고 작음과 상·중·하를 따라서 제각기 받아들이고, 한 구름에서 내리는 비로 그 종류와 성질에 따라서 나고 자라며 꽃이 피고 열매가 열리는데, 비록 한 땅에서 나고 한 비에 젖지만 모든 초목이 제각기 차이가 있는 것과 같으니라.

小枝小葉 中根中莖 中枝中葉 大根大莖 大枝大葉 諸樹大小 隨 上中下 各有所受 一雲所雨 稱其種性 而得生長 華菓敷實 雖 一地所生 一雨所潤 而諸草木 各有差別

가섭아! 마땅히 알지니라. 여래도 역시 이와 같아서 세상에 출현하시는 것은 큰 구름이 일어나는 것과 같은 것이며, 큰 음성으로 세계의 하늘과 인간과 아수라들에게 두루 들리게 하는 것은 저 큰 구름이 삼천대천국토를 두루 덮는 것과 같은 것이니라. 대중 가운데서 이와 같이 말씀하셨느니라.
'나는 바로 여래·응공·정변지·명행족·선서·세간해·무

迦葉 當知 如來 亦復如是 出現於世 如大雲起 以大音聲 普遍世界 天人阿修羅 如彼大雲 遍覆三千大千國土 於大衆中而唱是言 我是如來 應供 正遍知 明行足 善逝 世間解

상사·조어장부·천인사·불세존이니라. 제도 받지 못한 이를 제도 받게 하며, 이해하지 못하는 이를 이해하게 하며, 편안하지 못한 이를 편안하게 하며, 열반에 이르지 못한 이를 열반에 이르게 하며, 지금 세상과 오는 세상을 사실대로 아느니라.

　나는 곧 일체를 아는 자이며, 일체를 보는 자이며, 도를 아는 자이며, 도를 여는 자이며, 도를 설하

無上士 調御丈夫 天人師 佛世尊 未度者 令度 未解者 令解 未安者 令安 未涅槃者 令得涅槃 今世後世 如實知之 我是一切知者 一切見者 知道者 開道者 說道者

는 자이니라. 너희 하늘과 사람과 아수라들은 모두 이곳으로 와야 할 것이니라. 왜냐하면 법을 들어야 하기 때문이니라.'

그러자 셀 수 없는 천만억 종류의 중생이 부처님 계신 곳으로 와서 법을 들었는데, 여래는 이때 이 중생들의 근기가 영리한지, 우둔한지, 정진을 잘하는지, 게으른지를 잘 살피셔서 그들이 감당할 수 있는 정도로 법을 설하시되, 가지

汝等天人阿修羅衆 皆應到此 爲 聽法故
爾時 無數千萬億種衆生 來至佛所 而聽法 如來于時 觀是衆生 諸根利鈍 精進懈怠 隨其所堪 而爲說法

가지로 한량없이 하여 모두를 기쁘게 하였으며 좋은 이익을 잘 얻게 하였느니라.

　이 중생들이 법을 듣고 현세에서는 편안하고, 후세에서는 좋은 곳에 나서 도로써 즐거움을 받고, 역시 법을 듣게 되며 법을 듣고는 모든 장애를 떠나고, 모든 법 가운데서 힘의 능력에 따라 점점 도에 들어가게 되므로, 저 큰 구름이 모든 것에 비를 내리면 풀과 나무와

種種無量 皆令歡喜 快得善利 是諸衆生 聞是法已 現世安隱 後生善處 以道受樂 亦得聞法 旣 聞法已 離諸障礙 於 諸法中 任力所能 漸得入道 如彼大雲 雨於一切

숲과 모든 약초들이 그 종류와 성질을 따라 흡족하게 머금고 제각기 나고 자라는 것과 같느니라.

여래의 설법은 한 모습이고 한 맛이니, 이른바 해탈의 모습이며, 여의는 모습이고, 멸하는 모습이므로 결국에는 일체종지에 이르게 하느니라.

중생이 여래의 법을 듣고 받아 지니고 읽고 외우며 설한 대로 수행하면, 그 얻는 공덕을 스스로는

卉木叢林 及諸藥草 如其種性 具足蒙潤 各得生長 如來說法 一相一味 所謂解脫相 離相滅相 究竟至於一切種智 其有衆生 聞如來法 若持讀誦 如說修行 所得功德

알지 못하고 깨닫지도 못하느니라. 왜냐하면 오직 여래만이 이 중생의 종류와 형상과 본성과 성품과 어떤 일을 염원하고 어떤 일을 생각하는지, 어떤 일을 닦으며 어떻게 염원하는지, 어떻게 생각하며 어떻게 닦는지, 어떤 법으로 염원하고 어떤 법으로 생각하며 어떤 법으로 닦으며, 어떤 법으로 어떤 법 얻는지를 알기 때문이니라.
　중생이 머무는 온갖 처지를 오

不自覺知 所以者何 唯有如來 知此衆生 種相體性 念何事 思何事 修何事 云何念 云何思 云何修 以何法念 以何法思 以何法修 以何法得何法 衆生 住於種種之地

직 여래만이 실제대로 보고 분명히 알아서 걸림이 없으므로, 마치 저 풀과 나무와 수풀과 모든 약초들이 스스로는 상·중·하의 성품을 알지 못하는 것과 같느니라. 여래는 이 한 모습과 한 맛의 법을 아느니라. 이른바 해탈의 모습이며, 여의는 모습이며, 멸하는 모습이며, 결국은 열반인 항상 적멸한 모습이며, 마침내는 공으로 돌아가는 것이니라. 부처님께서는

唯有如來 如實見之 明了無礙 如彼卉木叢林 諸 藥草等 而不自知 上中下性 如來知是 一相一味之法 所謂解脫相 離相滅相 究竟涅槃 常寂滅相 終歸於空 佛知是已

이것을 아시고서 중생의 마음과 육망을 마음으로 보시고 보호해 주려 하셨느니라. 그러므로 일체 종지를 곧바로 설하시지 않으신 것이니라.

가섭아! 너희들은 매우 희유하여 여래의 수의설법을 알고 믿고 받아들이는구나. 왜냐하면 부처님들의 수의설법은 이해하기 어렵고 알기도 어렵기 때문이니라."

세존께서 이 뜻을 거듭 펴시려

觀 眾生心欲 而將護之 是故 不卽爲說一切種智 汝等迦葉
甚爲希有 能知如來 隨宜說法 能信能受 所以者何 諸佛世
尊 隨宜說法 難解難知
爾時世尊 欲 重宣此義

고 게송으로 말씀하셨다.

　유를 파한 법왕께서 세상에 나오시어 중생들의 욕망에 따라 가지가지로 법을 설하시느니라. 여래께서는 높고 귀하시며 지혜가 깊고 멀어 그 요긴한 것에 대하여 오래도록 침묵하며 빨리 설하려고 힘쓰지 않으시니라. 왜냐하면 지혜 있는 자가 들으면 곧 믿고 이해할 수 있으나, 지혜 없는 자는

而說偈言

　　破有法王　出現世間　隨衆生欲　種種說法
　　如來尊重　智慧深遠　久默斯要　不務速說
　　有智若聞　則能信解　無智疑悔

의심하여 영원히 잃는 것이 되기
때문이니라. 그러므로 힘에 따라
설하며 가지가지 인연으로 바른
견해를 얻게 하느니라. 가섭아!
마땅히 알아라.

　비유하자면 큰 구름이 세상에
일어나 일체를 덮는 것과 같으니
라. 지혜의 구름이 물기를 머금으
면 번개 빛이 환하게 빛나고 천둥
소리가 멀리까지 진동하여 중생
으로 하여금 기쁘게 하느니라.

則爲永失　是故迦葉　隨力爲說　以種種緣
令得正見　迦葉當知　譬如大雲　起於世間
遍覆一切　慧雲含潤　電光晃曜　雷聲遠震
令衆悅豫

햇빛을 막아 가리니 땅 위가 시원해지고 뭉게구름이 자욱히 퍼져 손에 잡힐 듯하다가 비가 두루두루 사방에 골고루 내리는데 한량없이 흘러내려 온 땅을 충분히 적시면, 산과 내와 험한 골짜기와 깊숙하고 그윽한 곳에서 나는 풀과 나무와 약초와 크고 작은 나무들과 심어 놓은 백 가지 곡식의 싹과 사탕수수와 포도가 비에 젖어 풍족하지 않음이 없으며 마른 땅

日光掩蔽　地上淸凉　靉靆垂布　如可承攬
其雨普等　四方俱下　流澍無量　率土充洽
山川險谷　幽邃所生　卉木藥草　大小諸樹
百穀苗稼　甘蔗蒲萄　雨之所潤　無不豊足

도 두루 젖어 약초와 나무들이 다 같이 무성하여 지느니라.

그 구름에서 나온 한가지 맛의 물에 초목이나 수풀이 분수에 따라 적셔지면, 일체의 풀과 나무들은 상·중·하와 그 크고 작은 것에 맞추어 제각기 생겨나고 자라나느니라. 뿌리와 줄기와 가지와 잎과 꽃과 열매의 빛과 모양이 한비의 영향으로 모두다 싱싱하여지고 윤택함을 얻지만, 그 형체와

乾地普洽　藥木幷茂　其雲所出　一味之水
草木叢林　隨分受潤　一切諸樹　上中下等
稱其大小　各得生長　根莖枝葉　花菓光色
一雨所及　皆得鮮澤　如其體相

모습과 성분은 크고 작은 것으로 나뉘는 것과 같이 적셔지기는 하나로 같지만 무성하게 자라기는 각각 다르니라.

 부처님께서도 역시 이와 같아서 세상에 출현하시는 것을 비유하자면 큰 구름이 일체를 두루 덮는 것과 같으니라. 이 세상에 나오셔서 중생들을 위하여 모든 법의 실상을 자세히 설하시느니라. 거룩하신 세존께서는 모든 하늘과

性分大小　所潤是一　而各滋茂　佛亦如是
出現於世　譬如大雲　普覆一切　旣出于世
爲諸衆生　分別演說　諸法之實　大聖世尊
於諸天人

사람과 일체 중생에게 이렇게 말씀하시느니라.
'나는 여래요, 양족존이니라. 이 세상에 출현함은 큰 구름이 일체를 충분히 적시는 것과 같아 메마른 중생들로 하여금 모두 괴로움을 떠나 편안함과 세간의 즐거움과 열반의 즐거움을 얻게 하리니, 모든 하늘과 사람들은 일심으로 잘 듣고 모두다 이곳에 와서 무상존인 나를 보아라. 나는 세존이

一切衆中　而宣是言　我爲如來　兩足之尊
出于世間　猶如大雲　充潤一切　枯槁衆生
皆令離苦　得安隱樂　世間之樂　及涅槃樂
諸天人衆　一心善聽　皆應到此　觀無上尊
我爲世尊

라, 미칠 수 있는 자가 없으며 중생들을 편안하게 하려고 세상에 나왔으며 대중을 위하여 감로의 맑은 법을 설하느니라.'

그 법은 한 가지의 맛으로 해탈과 열반이니라. 한 가지의 묘한 소리로 이 뜻을 널리 펴며 항상 대승을 위하여 인연을 짓느니라. 나는 일체를 두루 평등하게 보며 이것과 저것이 없으며 사랑하거나 미워하는 마음이 없느니라. 나는 욕

無能及者 安隱衆生 故現於世 爲大衆說
甘露淨法 其法一味 解脫涅槃 以一妙音
演暢斯義 常爲大乘 而作因緣 我觀一切
普皆平等 無有彼此 愛憎之心

심내어 집착함이 없고 또 막히거나 걸릴 것이 없느니라.

　항상 일체를 위하여 평등하게 설법하며 한 사람을 위하는 것과 같이 많은 대중에게도 역시 그렇게 하느니라. 항상 법을 설하였지 다른 일은 하지 않았고, 가고 오고 앉고 일어서는 것을 한 번도 피곤해하거나 싫어한 적이 없었느니라. 세간을 만족하게 하는 것을 비를 내려 두루 젖게 하는 것과 같이

我無貪著　亦無限礙　恒爲一切　平等說法
如爲一人　衆多亦然　常演說法　曾無他事
去來坐立　終不疲厭　充足世間　如雨普潤

하여서 귀하거나 천하거나, 높거
나 낮거나, 계를 지녔거나 계를 무
너뜨렸거나, 위의를 갖추었거나
갖추지 못하였거나, 바른 견해를
가졌거나 바르지 못한 견해를 가
졌거나 근기가 뛰어나거나 근기
가 둔하거나 골고루 법의 비를 내
렸고 싫어하거나 게을리하지 않
았느니라.

  일체 중생으로서 나의 법을 들
은 자는 힘에 따라 받아들이며 여

貴賤上下 持戒毀戒 威儀具足 及不具足
正見邪見 利根鈍根 等雨法雨 而無懈倦
一切衆生 聞我法者 隨力所受

러 지위에 머무르게 되는데, 만약 사람이나 천인이나 전륜성왕이나 제석천이나 범천왕들이 되면 이것은 곧 작은 약초요, 무루법을 알고 열반을 얻어 육신통을 일으키고 삼명까지 얻어서 홀로 산이나 숲 속에서 항상 선정을 닦아 연각의 깨달음을 얻으면 바로 중간 약초며, 부처님의 경지를 구하며, '나는 마땅히 성불하리라.' 하며 부지런히 정진하여 선정을 닦으

住於諸地　或處人天　轉輪聖王　釋梵諸王
是小藥草　知無漏法　能得涅槃　起六神通
及得三明　獨處山林　常行禪定　得緣覺證
是中藥草　求世尊處　我當作佛　行精進定

면 이것은 상품의 약초이니라. 또 불자로서 오로지 불도에만 마음을 두어 항상 자비를 행하며 스스로 부처님 되는 것을 알며 마음을 결정하고 의심이 없으면 이런 이를 작은 나무라 하고, 신통에 편안히 머무르며 물러남이 없는 법륜을 굴리며 한량없는 억백천의 중생을 제도하는 이와 같은 보살은 큰 나무라 이름하느니라.

　부처님의 평등한 말씀은 한 가

是上藥草　又諸佛子　專心佛道　常行慈悲
自知作佛　決定無疑　是名小樹　安住神通
轉不退輪　度無量億　百千衆生　如是菩薩
名爲大樹　佛平等說

지 맛의 비와 같으니라. 중생이 성품에 따라 받아들이는 것이 같지가 않은 것은 저 초목이 받아들이는 것이 각각 다른 것과 같으니라.

부처님께서는 이런 비유와 방편으로 일러주시며 온갖 말씀으로 한가지 법을 설하시지만, 부처님의 지혜에서는 마치 바다의 물 한 방울과 같느니라. 내가 법의 비를 내려 세간을 가득 차게 하니, 한 가지의 맛인 법을, 힘에 따라

如一味雨　隨衆生性　所受不同　如彼草木
所稟各異　佛以此喩　方便開示　種種言辭
演說一法　於佛智慧　如海一渧　我雨法雨
充滿世間　一味之法

닦고 행하는 것이 마치 저 숲의 약초와 나무들이 그 크고 작음에 따라 점점 자라나서 아주 무성하여지는 것과 같느니라.

모든 부처님의 법은 항상 한 맛이며, 모든 세간으로 하여금 두루 갖추어 얻게 하며 점차 수행하여 모두다 깨달음을 얻게 하느니라.

성문이나 연각이 산이나 숲 속에 지내면서 가장 마지막의 몸에 머물러서 법을 듣고 과를 얻으면,

隨力修行　如彼叢林　藥草諸樹　隨其大小
漸增茂好　諸佛之法　常以一味　令諸世間
普得具足　漸次修行　皆得道果　聲聞緣覺
處於山林　住最後身　聞法得果

이것은 약초가 제각기 자라나는 것을 말하며, 보살들이 지혜가 굳고 단단하며, 삼계를 분명히 깨달아서 가장 뛰어난 가르침을 구하면, 이것을 작은 나무가 점점 더 자라나는 것이라 하며, 또 선정에 머무르며 신통력을 얻고 모든 법이 공한 것임을 듣고 마음이 크게 기뻐서 수없는 빛을 놓아 중생들을 제도하면, 이것을 큰 나무가 더욱 자라나는 것이라 하느니라.

是名藥草	各得增長	若諸菩薩	智慧堅固
了達三界	求最上乘	是名小樹	而得增長
復有住禪	得神通力	聞諸法空	心大歡喜
放無數光	度諸衆生	是名大樹	而得增長

이와 같이 가섭아! 부처님께서 설하시는 법을 비유하면, 큰 구름이 한 가지 맛의 비로 사람 꽃을 적시어 각각 열매를 맺게 하는 것과 같느니라.

가섭아! 마땅히 알아라. 여러 가지 인연과 가지가지 비유로써 부처님의 도를 열어 보이지만 이것은 나의 방편이니라. 모든 부처님께서도 역시 그러하시느니라.

지금 너희들을 위하여 가장 참

如是迦葉　佛所說法　譬如大雲　以一味雨
潤於人華　各得成實　迦葉當知　以諸因緣
種種譬喩　開示佛道　是我方便　諸佛亦然
今爲汝等

된 사실을 말하는데, 성문 대중들은 모두다 열반이 아니니라. 너희들이 행하여야 할 바는 곧 보살의 도이니라. 점점 닦고 배우면 모두다 마땅히 성불할 것이니라.

　　　　　제 오 약초유품 끝

說最實事　諸聲聞衆　皆非滅度　汝等所行
是菩薩道　漸漸修學　悉當成佛

第 五　藥草喩品　終

제 육 수기품

그때 세존께서 게송을 다하신 후 대중들에게 이런 말씀을 하셨다.

"나의 제자 마하가섭은 오는 세상에 삼백만억 부처님들을 받들어 뵈옵고 공양하고 공경하며 존중하고 찬탄하고 여러 부처님들의 헤아릴 수 없는 큰 법을 널리 펴다가 최후의 몸으로 부처님이

第六 授記品

爾時世尊 說是偈已 告諸大衆 唱 如是言 我此弟子 摩訶迦葉
於未來世 當得奉覲 三百萬億 諸佛世尊 供養恭敬 尊重讚歎
廣宣諸佛 無量大法 於最後身 得成爲佛

되리라.

　명호는 광명여래·응공·정변지·명행족·선서·세간해·무상사·조어장부·천인사·불세존이며 나라의 이름은 광덕이고, 겁의 이름은 대장엄이다. 부처님의 수명은 십이소겁이고 정법이 세상에 머무르기는 이십소겁이며 상법 또한 이십소겁을 머무느니라.

　나라가 아름답게 꾸며져서 더

名曰 光明如來 應供 正遍知 明行足 善逝 世間解 無上士 調御丈夫 天人師 佛世尊 國名 光德 劫名 大莊嚴 佛壽 十二小劫 正法住世 二十小劫 像法 亦住 二十小劫 國界嚴飾

럽고 나쁜 것들과 기와나 자갈과 가시덤불과 똥오줌 등 깨끗하지 못한 것들이 없으며, 그 땅은 평평하고 반듯하여 높고 낮음과 빠지는 구덩이와 흙무더기와 언덕이 없으며, 유리로 땅이 되고 보배나무가 줄지어 섰으며 황금으로 줄을 만들어 길가의 경계를 삼고 보배 꽃들이 활짝 피어 두루 청정하리라. 그 나라에는 보살이 한량없는 천억이고, 성문 대중들도 헤아

無諸穢惡 瓦礫荊棘 便利不淨 其土平正 無有高下 坑坎堆阜 瑠璃 爲地 寶樹行列 黃金 爲繩 以界道側 散諸寶華 周遍淸淨 其國菩薩 無量千億 諸 聲聞衆

릴 수 없으며, 마가 하는 일이 없으며, 비록 마와 마의 무리가 있더라도 모두다 불법을 보호할 것이니라."

그때 세존께서 이 뜻을 거듭 펴시려고 게송으로 말씀하셨다.

모든 비구들에게 말하노라.
내가 부처의 눈으로 이 가섭을 보니 셀 수 없는 겁을 지나 미래 세상에서 마땅히 성불하느니라.

亦復無數 無有魔事 雖有魔及魔民 皆護佛法
爾時世尊 欲 重宣此義 而說偈言

　　告諸比丘 我以佛眼 見是迦葉 於未來世 過無數劫
當得作佛

오는 세상에서 삼백만억 부처님
들을 공양하고 받들어 뵈며, 부처
님의 지혜를 이루기 위해 범행을
깨끗이 닦아서 가장 높으신 양족
존께 공양을 한 후에 위없는 지혜
를 모두 닦고 익혀 최후의 몸에서
부처님이 되느니라.

 그 나라는 맑고 깨끗하며 땅이
유리로 되어 있고 보배 나무들이
길가에 줄지어 섰으며, 황금 줄로
길의 경계를 하니 보는 자가 기뻐

而於來世	供養奉覲	三百萬億	諸佛世尊	爲佛智慧
淨修梵行	供養最上	二足尊已	修習一切	無上之慧
於最後身	得成爲佛	其土淸淨	瑠璃爲地	多諸寶樹
行列道側	金繩界道	見者歡喜		

하며, 이름난 꽃들이 활짝 피어 항상 좋은 향기가 나며, 가지가지 기이하고 묘한 것들로 아름답게 꾸며지리라.

그 땅은 평평하고 바르며 언덕이나 구덩이가 없으며, 보살들은 헤아릴 수가 없는데, 그들의 마음이 고르고 부드러워서 큰 신통을 얻어 부처님들의 대승 경전을 받들어 지닐 것이니라.

번뇌가 없는 최후의 몸이며 법

常出好香　散衆名華　種種奇妙　以爲莊嚴　其地平正
無有丘坑　諸菩薩衆　不可稱計　其心調柔　逮大神通
奉持諸佛　大乘經典

왕의 아들인 성문 대중들도 헤아릴 수 없어서 천안으로라도 그 수를 알 수 없느니라.

그 부처님의 수명은 십이소겁이고, 정법이 세상에 머물기는 이십소겁이며 상법도 역시 이십소겁을 머무를 것이니라. 광명 세존의 일은 이와 같으니라.

그때 대목건련과 수보리와 마하가전연 등이 모두다 송구스러

諸聲聞衆 無漏後身 法王之子 亦不可計 乃以天眼
不能數知 其佛當壽 十二小劫 正法住世 二十小劫
像法亦住 二十小劫 光明世尊 其事如是

爾時 大目犍連 須菩提 摩訶迦旃延等 皆悉悚慄

워하며 일심으로 합장하고 부처님의 존안을 우러러보며 눈을 잠시도 떼지 않고 다 함께 소리 내어 게송으로 말하였다.

큰 영웅이시며, 용맹하신 세존께서는 모든 석씨의 법왕이십니다. 저희들을 불쌍히 여기시어 부처님의 음성을 내려 주십시오. 만일 저희들의 깊은 마음을 아시고 수기를 주신다면 감로수를 뿌려

一心合掌 瞻仰尊顔 目不暫捨 卽共同聲 而說偈言

  大雄猛世尊 諸釋之法王 哀愍我等故 而賜佛音聲
  若知我深心 見爲授記者 如以甘露灑

뜨거움을 없애고 시원함을 얻는 것과 같습니다.

　굶주리는 나라에서 와서 뜻밖에 대왕의 음식을 받으니 오히려 의심과 두려움이 생겨 감히 선뜻 먹지를 못하다가, 다시 왕의 분부를 받고서야 먹는 것과 같이 저희들도 그와 같이 늘 소승의 허물만 생각하느라 어찌하여야 부처님의 위없는 지혜를 얻는지 알지 못하였습니다.

除熱得淸凉　如從飢國來　忽遇大王饍　心猶懷疑懼
未敢卽便食　若復得王敎　然後乃敢食　我等亦如是
每惟小乘過　不知當云何　得佛無上慧

부처님의 음성으로 저희들도 부처님이 된다는 말씀을 들었지마는 마음은 오히려 근심과 두려움이 생겨 선뜻 먹지를 못하는 것과 같습니다. 만약 부처님의 수기를 받게 되면 그때서야 마음이 좋고 편안하며 즐겁겠습니다.

큰 영웅이시며, 용맹하신 세존께서는 항상 세간을 편안하게 하시므로, 원하옵건대 굶주린 이에게 먹으라고 분부하시는 것과 같

雖聞佛音聲　言我等作佛　心尙懷憂懼　如未敢便食
若蒙佛授記　爾乃快安樂　大雄猛世尊　常欲安世間
願賜我等記

이 저희에게도 수기를 내려 주십시오.

그때 세존께서 여러 큰 제자들이 염원하는 바를 아시고 비구들에게 말씀하셨다.

"이 수보리는 오는 세상에서 삼백만억 나유타의 부처님을 받들어 뵈옵고 공양하고 공경하며 존중하고 찬탄하고 항상 범행을 닦아 보살의 도를 갖추고 최후의 몸

如飢須敎食

爾時世尊 知諸大弟子 心之所念 告諸比丘 是 須菩提 於 當來世 奉覲三百萬億 那由他佛 供養恭敬 尊重讚歎 常修梵行 具菩薩道 於 最後身

으로 성불하리라.

　명호는 명상여래·응공·정변지·명행족·선서·세간해·무상사·조어장부·천인사·불세존이며 겁의 이름은 유보이며 나라의 이름은 보생이니라.

　그 나라는 평평하고 반듯하며 수정으로 땅이 되고, 보배 나무로 꾸며져 있으며 언덕과 구덩이와 모래와 자갈과 가시덤불과 똥과 오줌 등 더러운 것이 없으며, 보배

得成爲佛 號曰 名相如來 應供 正遍知 明行足 善逝 世間解 無上士 調御丈夫 天人師 佛 世尊 劫名 有寶 國名 寶生 其土平正 玻璃爲地 寶樹莊嚴 無諸丘坑 沙礫荊棘 便利之穢

꽃이 땅을 덮으며 두루두루 맑고 깨끗하리라.

그 나라의 백성들은 모두다 보배로 된 집과 진귀하고 좋은 누각에 살며, 성문 제자는 한량없고 가없어서 산수나 비유로도 알 수가 없고, 보살 대중들도 헤아릴 수 없는 천만억 나유타이니라. 부처님의 수명은 십이소겁이고 정법이 세상에 머물기는 이십소겁이며 상법도 역시 이십소겁을 머무느

寶華覆地 周遍淸淨 其土人民 皆處寶臺 珍妙樓閣 聲聞弟子 無量無邊 算數譬喩 所不能知 諸菩薩衆 無數千萬億那由他 佛壽 十二小劫 正法住世 二十小劫 像法 亦住二十小劫

니라.

 그 부처님께서는 항상 허공에 계시며 대중을 위해 설법하시며 헤아릴 수 없는 보살과 성문들을 제도하여 해탈케 하시느니라."

 그때 세존께서 이 뜻을 거듭 펴시려고 게송으로 말씀하셨다.

 비구들아! 지금 너희들에게 말하노니 모두다 한마음으로 내가 말하는 것을 들어라.

其佛 常處虛空 爲衆說法 度脫 無量菩薩 及聲聞衆
爾時世尊 欲 重宣此義 而說偈言

 諸比丘衆 今告汝等 皆當一心 聽我所說

나의 큰 제자 수보리는 마땅히
부처님이 되는데 명호는 명상이
다. 헤아릴 수 없는 만억의 부처님
들을 공양하고 부처님들이 행하
시는 바를 따르고, 점점 큰 도를
갖추어 최후의 몸에서 삼십이상
을 얻는데 단정하고 뛰어나서 훌
륭하기가 마치 보배로 된 산과 같
으니라.

그 부처님의 국토는 맑고 깨끗
하기가 으뜸이라서 이를 보는 중

我大弟子　須菩提者　當得作佛　號曰名相　當供無數
萬億諸佛　隨佛所行　漸具大道　最後身得　三十二相
端正殊妙　猶如寶山　其佛國土　嚴淨第一　衆生見者

생들이 사랑하고 즐거워하지 않을 수가 없는데 부처님은 그 가운데서 헤아릴 수 없는 중생을 제도하시느니라. 그 부처님의 법 가운데는 보살들이 많은데 모두다 근기가 뛰어나고 물러나지 않는 법륜을 굴리느니라.

그 나라는 항상 보살로써 아름답게 꾸며지며 성문들도 그 수를 말할 수 없는데, 모두 삼명을 얻고 육신통을 갖추고 팔해탈에 머무

無不愛樂 佛於其中 度無量衆 其佛法中 多諸菩薩
皆悉利根 轉不退輪 彼國常以 菩薩莊嚴 諸聲聞衆
不可稱數 皆得三明 具六神通 住八解脫

르며 큰 위엄과 덕망이 있느니라.

　그 부처님의 설법은 한량없는 신통과 변화를 나타내며 불가사의하여, 그 수가 항하의 모래 수 같은 하늘의 백성들이 모두다 같이 합장한 채 부처님의 말씀을 들을 것이니라. 그 부처님의 수명은 십이소겁이고, 정법이 세상에 머물기는 이십소겁이며 상법도 역시 이십소겁 머무를 것이니라.

有大威德	其佛說法	現於無量	神通變化
諸天人民	數如恒沙	皆共合掌	聽受佛語
十二小劫	正法住世	二十小劫	像法亦住

不可思議
其佛當壽
二十小劫

그때 세존께서 또 다시 여러 비구 대중들에게 말씀하셨다.

"내가 지금 너희들에게 말하노라. 이 대가전연은 오는 세상에서 여러 가지 공양물로 팔천억 부처님을 공양하며 받들고 공경하고 존중하다가 부처님들께서 열반하신 후에는 각각 탑을 세우는데, 높이는 일천 유순이고 가로 세로는 똑같이 오백 유순이다.

금, 은, 유리, 자거, 마노, 진주,

爾時世尊 復告諸比丘衆 我今語汝 是大迦旃延 於當來世 以諸供具 供養奉事 八千億佛 恭敬尊重 諸佛滅後 各起塔廟 高千由旬 縱廣正等 五百由旬 皆以 金銀 瑠璃 硨磲 瑪瑙 眞珠

매괴인 칠보로 만들고 여러 가지 꽃과 영락과 바르는 향과 가루 향과 사르는 향과 비단으로 된 가리개와 깃발들을 탑에 공양하고, 이런 일을 다 한 후 다시 이만억 부처님께 역시 이와 같이 하고, 이 부처님들께 공양을 다한 후 보살도를 갖추어 부처님이 되는데, 명호는 염부나제금광여래·응공·정변지·명행족·선서·세간해·무상사·조어장부·천인

玫瑰 七寶 合成 衆華瓔珞 塗香抹香燒香 繒蓋幢幡 供養塔廟 過是已後 當復供養 二萬億佛 亦復如是 供養是諸佛已 具菩薩道 當得作佛 號曰 閻浮那提金光如來 應供 正遍知 明行足 善逝 世間解 無上士 調御丈夫 天人師

사·불세존이니라.

그 나라는 평평하고 반듯하며 수정으로 땅이 되고 보배 나무로 아름답게 꾸며지며, 황금으로 줄을 만들어 길가의 경계를 삼고 아름다운 꽃으로 땅을 덮어 두루 맑고 깨끗하여 보는 사람이 기뻐하며, 네 가지 나쁜 길인 지옥, 아귀, 축생, 아수라의 길이 없어 하늘과 사람이 많으며 헤아릴 수 없는 만억의 성문과 보살들이 그 나라를

佛世尊 其土平正 玻璃 爲地 寶樹莊嚴 黃金 爲繩 以界道側 妙華覆地 周遍淸淨 見者歡喜 無 四惡道 地獄 餓鬼 畜生 阿修羅道 多有天人 諸 聲聞衆 及諸菩薩 無量萬億

장엄하리라.

 부처님의 수명은 십이소겁이고 정법이 세상에 머물기는 이십소겁이며 상법 또한 이십소겁 머무느니라."

 그때 세존께서 이 뜻을 거듭 펴시려고 게송으로 말씀하셨다.

 비구들아! 모두 한마음으로 들어라. 내가 말하는 것은 진실하며 틀리는 것이 없느니라. 이 가전연

莊嚴其國 佛壽 十二小劫 正法住世 二十小劫 像法 亦住二十小劫 爾時 世尊 欲 重宣此義 而說偈言

 諸比丘衆 皆一心聽 如我所說 眞實無異

은 가지가지 훌륭하고 좋은 공양물로 여러 부처님을 공양하고, 부처님들께서 열반하신 후에는 칠보로 된 탑을 세우고, 꽃과 향으로 사리에 공양하고, 최후의 몸에서 부처님의 지혜를 얻어 평등하고 바른 깨달음을 이루리라.

국토는 청정하며 헤아릴 수 없는 만억의 중생들을 제도하여 해탈케 하며, 시방으로부터 모두 공양을 받는데 부처님의 광명을 이

是迦旃延　當以種種　妙好供具　供養諸佛　諸佛滅後
起七寶塔　亦以華香　供養舍利　其最後身　得佛智慧
成等正覺　國土淸淨　度脫無量　萬億衆生　皆爲十方
之所供養　佛之光明

길 자가 없으리라. 부처님의 명호는 염부금광이며, 모든 존재에 대하여 집착을 끊은 보살과 성문들이 한량없고 수없는데 그 나라를 장엄하리라.

　그때에 세존께서 다시 대중들에게 말씀하셨다.
　"내가 이제 너희들에게 말하노라. 이 대목건련도 가지가지 공양물로 팔천의 여러 부처님들을 공

無能勝者　其佛號曰　閻浮金光　菩薩聲聞　斷一切有
無量無數　莊嚴其國

爾時世尊　復告大衆　我今語汝　是　大目犍連　當以種種供具
供養八千諸佛

양하고 공경하고 존중하고 부처님들께서 열반하신 후에는 각각 탑을 세우는데 높이는 일천 유순이고 가로세로 다 같이 오백 유순이니라.

칠보인 금, 은, 유리, 자거, 마노, 진주, 매괴를 합하여 만들고 여러 가지 꽃과 영락과 바르는 향, 가루 향, 사르는 향과 비단가리개와 깃발들을 공양하고 이렇게 공양을 다 하고는, 다시 이백만억 부

恭敬尊重 諸佛滅後 各起塔廟 高 千由旬 縱廣正等 五百由旬 皆以 金銀 瑠璃 硨磲 瑪瑙 眞珠 玫瑰七寶 合成 衆華瓔珞 塗香 抹香 燒香 繒蓋幢幡 以用供養 過是已後 當復供養 二百萬億諸佛

처님께 역시 이와 같이 공양한 후 성불하리라.

　명호는 다마라발전단향여래·응공·정변지·명행족·선서·세간해·무상사·조어장부·천인사·불세존이며 겁의 이름은 희만이고 나라의 이름은 의락이며 그 국토는 평평하고 반듯하며, 수정으로 땅이 되고 보배 나무들로 꾸며졌으며, 진주 꽃이 활짝 피고 두루 청정하여 보는 이를 기쁘

亦復如是 當得成佛 號曰 多摩羅跋栴檀香如來 應供 正遍知 明行足 善逝 世間解 無上士 調御丈夫 天人師 佛世尊 劫名 喜滿 國名 意樂 其土平正 玻璃 爲地 寶樹莊嚴 散 眞珠華 周遍淸淨 見者歡喜

게 하며 천인과 사람들이 많고 보살과 성문의 수가 한량없느니라.
 부처님의 수명은 이십사소겁이고 정법이 세상에 머무르기는 사십소겁이고 상법 역시 사십소겁을 머무느니라."
 세존께서 이 뜻을 거듭 펴시려고 게송으로 말씀하셨다.

 나의 이 제자 대목건련은 이 몸을 버린 후 팔천이백만억 부처님

多諸天人 菩薩聲聞 其數無量 佛壽 二十四小劫 正法住世 四十小劫 像法 亦住四十小劫 爾時 世尊 欲 重宣此義 而說偈言

我此弟子 大目犍連 捨是身已 得見八千 二百萬億

들을 뵈옵고 불도를 위하여 공양하고 공경하며 여러 부처님 계신 곳에서 항상 범행을 닦고 헤아릴 수 없는 겁 동안 불법을 받들어 지니며, 부처님들께서 열반하신 후에는 칠보로 탑을 세우고 황금으로 된 찰간을 높이 세우고, 꽃과 향과 음악으로 부처님들의 탑묘에 공양하고, 차츰 보살의 도를 갖추어서 의락국에서 부처님이 되는데 명호는 다마라발전단향

諸佛世尊　爲佛道故　供養恭敬　於諸佛所　常修梵行
於無量劫　奉持佛法　諸佛滅後　起七寶塔　長表金刹
華香伎樂　而以供養　諸佛塔廟　漸漸具足　菩薩道已
於意樂國　而得作佛　號多摩羅　栴檀之香

이다.

　그 부처님의 수명은 이십사소 겁이고 항상 천인과 사람을 위하여 불도를 설하시느니라. 성문들이 한량없어 항하의 모래 수 같은데 삼명과 육신통을 갖추어 위엄과 덕망이 크게 있으며, 보살들도 수없는데 뜻이 굳고 정진을 잘하여 부처님 지혜에서 모두다 물러섬이 없느니라.

　부처님께서 열반하신 후 정법

其佛壽命　二十四劫　常爲天人　演說佛道　聲聞無量
如恒河沙　三明六通　有大威德　菩薩無數　志固精進
於佛智慧　皆不退轉　佛滅度後　正法當住

이 사십소겁 머물며 상법 또한 그러하리라.

　내가 위엄과 덕망을 잘 갖춘 오백 제자들 모두에게 수기를 주노라. 그러니 미래 세상에서는 모두 다 부처님이 될 것이니라.

　나와 너희들의 지난 세상 인연을 내가 지금 말할 테니 너희들은 잘 들어보아라.

제 육 수기품 끝

四十小劫　像法亦爾　我諸弟子　威德具足　其數五百
皆當授記　於未來世　咸得成佛　我及汝等　宿世因緣
吾今當說　汝等善聽

第 六　授記品　終

제칠 화성유품

부처님께서 비구들에게 말씀하셨다.

"지나간 옛적 한량없고 가없으며 불가사의한 아승지 겁 전에 부처님께서 계셨는데, 명호는 대통지승여래·응공·정변지·명행족·선서·세간해·무상사·조어장부·천인사·불세존이었고 나라의 이름은 호성이며 겁의 이

第 七 化城喩品

佛告諸比丘 乃往過去 無量無邊 不可思議 阿僧祇劫 爾時有佛 名 大通智勝如來 應供 正遍知 明行足 善逝 世間解 無上士 調御丈夫 天人師 佛世尊 其國名 好成

름은 대상이었느니라.

　비구들아!

　그 부처님 열반하신 지가 아주 오래인데 비유하자면, 삼천대천세계의 땅덩어리를 가령 어떤 사람이 다 갈아 먹으로 만들어서 동방으로 천 국토를 지나면서 아주 작은 한 점을 떨어뜨리고, 또 천 국토를 지나면서 다시 한 점을 떨어뜨리며, 이와 같이 되풀이하여 땅덩어리를 간 먹이 다하도록 갔

劫名 大相 諸比丘 彼佛滅度已來 甚大久遠 譬如三千大天世界 所有地種 假使有人 磨以爲墨 過於東方千國土 乃下一點 大如微塵 又過千國土 復下一點 如是展轉 盡 地種墨 於

다면, 너희들의 생각은 어떠하냐? 이 국토들을 셈을 잘하는 사람이나 그의 제자들이라도 그 가와 끝을 알며 그 수를 알 수 있겠느냐?"

"알 수가 없습니다. 세존이시여!"

"비구들아!

이 사람이 지나간 나라들로서 점을 떨어뜨렸거나 떨어뜨리지 않았거나, 모두를 다시 티끌로 만

汝等意 云何 是諸國土 若算師 若算師弟子 能得邊際 知其數不 不也 世尊 諸比丘 是人所經國土 若點不點 盡末爲塵

들어서 한 티끌을 일 겁으로 치더라도 그 부처님께서 열반하신 지는 이 수보다 더 오래인 한량없고 그지없는 백천만억 아승지 겁이니라. 나는 여래의 지견력을 가졌기에 그 멀고도 오래된 일을 마치 오늘 일어난 일처럼 보느니라."

세존께서 이 뜻을 거듭 펴시려고 게송으로 말씀하셨다.

내가 지난 세상을 생각해 보니

一塵一劫 彼佛滅度已來 復過是數 無量無邊 百千萬億 阿僧祇劫 我以如來知見力故 觀彼久遠 猶若今日 爾時世尊 欲重宣此義 而說偈言

我念過去世

한량없고 가없는 겁 전에 양족존이신 부처님께서 계셨는데 명호는 대통지승이었느니라. 어떤 사람이 힘으로 삼천대천세계의 땅덩어리를 갈아 모두 먹으로 만들어서 천 국토를 지나서야 겨우 티끌만 한 점을 하나 떨어뜨리고, 이와 같은 방법으로 한 점씩 떨어뜨려 이 티끌로 만든 먹이 다하면 점을 떨어뜨렸거나 떨어뜨리지 않았거나, 국토들을 다시 다 티끌로

無量無邊劫　有佛兩足尊　名大通智勝　如人以力磨
三千大千土　盡此諸地種　皆悉以爲墨　過於千國土
乃下一塵點　如是展轉點　盡此諸塵墨　如是諸國土
點與不點等　復盡末爲塵

만들어서 한 티끌을 일 겁으로 치더라도 그 작은 티끌들의 수보다 그 겁의 수가 더욱 많으니라. 그 부처님 열반하신 지가 이와 같이 한량없는 겁이지만, 여래의 걸림없는 지혜로 그 부처님 열반하신 것과 성문과 보살들 아는 것이 지금 열반을 보는 것처럼 아느니라.

비구들아! 마땅히 알아라. 부처님의 지혜는 맑고 미묘하며 번뇌가 없고 걸림이 없어 한량없는 겁

一塵爲一劫　此諸微塵數　其劫復過是　彼佛滅度來
如是無量劫　如來無礙智　知彼佛滅度　及聲聞菩薩
如見今滅度　諸比丘當知　佛智淨微妙　無漏無所礙

을 통달하느니라.

부처님께서 비구들에게 말씀하셨다.

"대통지승 부처님의 수명은 오백사십만억 나유타 겁이었느니라. 그 부처님께서는 옛적 도량에 앉으셔서 마군을 물리치시고 아뇩다라삼먁삼보리를 거의 다 얻었는데 불법이 앞에 나타나지 않으므로 일소겁에서 십소겁에 이

通達無量劫

佛告諸比丘 大通智勝佛壽 五百四十萬億那由他劫 其佛 本坐道場 破 魔軍已 垂得阿耨多羅三藐三菩提 而諸佛法 不現在前 如是一小劫 乃至十小劫

르도록 결가부좌를 하시고 몸과 마음을 움직이지 않았는데 불법이 여전히 앞에 나타나지를 않았느니라.

그때 도리천인들이 먼저 그 부처님을 위하여 보리수 아래에 높이가 일유순인 사자좌를 마련하였는데, 부처님께서 여기에 앉으셔서 아뇩다라삼먁삼보리를 얻으실 수 있도록 하기 위해서였느니라.

結跏趺坐 身心不動 而諸佛法 猶不在前 爾時 忉利諸天 先爲彼佛 於 菩提樹下 敷 師子座 高一由旬 佛於此坐 當得阿耨多羅三藐三菩提

마침 이 자리에 앉으시니 때맞춰 범천왕들이 하늘 꽃들을 사방 백 유순에 비처럼 내렸고 향기로운 바람이 때때로 불어와 시들어진 꽃을 불어내니 다시 새 꽃들이 내렸느니라.

이와 같이 십소겁이 다하도록 끊임없이 부처님을 공양하며 열반에 이르실 때까지 이 꽃들을 항상 내렸으며 사천왕들은 부처님을 공양하기 위하여 항상 하늘 북

適坐此座 時諸梵天王 雨衆天華 面 百由旬 香風 時來 吹去 萎華 更雨新者 如是不絶 滿 十小劫 供養於佛 乃至滅度 常 雨此華 四王諸天 爲供養佛 常擊天鼓

을 치고, 나머지 하늘 사람들은 하늘 음악을 연주하기를 십 소겁이 다하도록 하였으며 열반에 이르실 때까지 역시 이렇게 하였느니라.

비구들아! 대통지승 부처님은 십소겁이 지나서야 부처님의 법이 앞에 나타나서 아뇩다라삼먁삼보리를 이루셨느니라. 그 부처님께서 출가하시기 전에 십육왕자가 있었는데 첫째의 이름은 지

其餘諸天 作天伎樂 滿 十小劫 至于滅度 亦復如是 諸比丘 大通智勝佛 過 十小劫 諸佛之法 乃現在前 成 阿耨多羅三藐三菩提 其佛 未 出家時 有 十六子 其 第一者

적이었느니라.

  왕자들은 각자 여러 가지 훌륭한 장난감을 가지고 있었는데, 아버지께서 아뇩다라삼먁삼보리를 이루셨다는 말을 듣고 모두들 보배를 버리고 부처님 계시는 곳으로 찾아가니, 어머니들이 눈물을 흘리며 전송하였고 그들의 할아버지인 전륜성왕은 일백 대신과 백천만억 백성들과 다 함께 대통지승 여래를 가까이서 공양하고

名曰智積 諸子 各有種種珍異 玩好之具 聞父得成 阿耨多羅三藐三菩提 皆捨所珍 往詣佛所 諸母涕泣 而 隨送之 其祖轉輪聖王 與一百大臣 及餘百千萬億人民 皆共圍繞 隨至道場 咸欲親近 大通智勝如來 供養恭敬

공경하고 존중하며 찬탄하려고 도량으로 따라갔고, 다다라서는 머리를 조아려 발에 예배하고 부처님 주위를 돌고서 일심으로 합장하고 부처님을 우러러보며 게송으로 말하였느니라."

 큰 위덕을 갖추신 세존께서 중생을 제도하시려고 한량없는 세월을 지내시고 이제서야 성불하시어 모든 서원을 다 갖추시게 되

尊重讚歎 到已 頭面禮足 繞佛畢已 一心合掌 瞻仰世尊 以偈頌曰

　大威德世尊　爲度衆生故　於無量億劫　爾乃得成佛　諸願已具足

었으니 위없이 거룩하고 경사스 럽습니다. 세존께서는 매우 희유하시어 한 자리에 앉아 십소겁 동안 몸과 손발을 고요히 하여 움직이지 않으시고 마음도 항상 신중하게 움직여서 조금도 흩어지거나 어지럽지 않게 하시어, 마침내 영원한 열반을 얻어 무루법에 편안히 머무시게 되었습니다. 지금 세존께서 불도를 이루시어 편안하신 것을 보니 저희들도 좋은 이

善哉吉無上　世尊甚希有　一坐十小劫　身體及手足
靜然安不動　其心常憺怕　未曾有散亂　究竟永寂滅
安住無漏法　今者見世尊　安隱成佛道　我等得善利

익을 얻어 경사스러우며 크게 기쁩니다.

  중생들은 항상 괴롭고 눈 멀고 어두우며, 이끌어 줄 스승이 없어서 괴로움이 다 하는 길을 알지 못하고 해탈을 구할 줄도 몰라서 긴 세월에 악업의 길만 더 늘렸습니다. 하늘의 대중은 점점 줄어들고 어두움에서 어두움으로 들어가 오래도록 부처님의 이름을 듣지 못하였습니다.

稱慶大歡喜　衆生常苦惱　盲冥無導師　不識苦盡道
不知求解脫　長夜增惡趣　減損諸天衆　從冥入於冥
永不聞佛名

지금 부처님께서 가장 높으며 편안한 무루법을 얻으시니 저희들과 천인과 사람들이 가장 큰 이익을 얻게 되었습니다. 그러므로 다 함께 머리 숙여 위없는 부처님께 귀의합니다.

그때 십육왕자는 부처님을 찬탄하는 게송이 끝나자 세존께 법륜 굴려 주시기를 간곡히 청하며 다 함께 '세존께서 설법하시면 편

今佛得最上 安隱無漏道 我等及天人 爲得最大利
是故咸稽首 歸命無上尊

爾時 十六王子 偈讚佛已 勸請世尊 轉於法輪 咸作是言 世尊說法

안함이 많아집니다. 천인과 사람들을 가엾고 불쌍히 여기시어 이익 되게 하여주십시오.' 하며 거듭 게송으로 말하였느니라.

　　비교하여 견줄 자가 없는 세상의 영웅이시여!
　　백 가지의 복으로 스스로 장엄하시고 위없는 지혜를 얻으셨으니 원하옵건대 세상을 위하여 설하여 주십시오.

多所安隱 憐愍饒益 諸天人民 重說偈言

　　世雄無等倫　百福自莊嚴　得無上智慧　願爲世間說

저희들과 여러 중생들이 제도
받고 해탈할 수 있도록 자세히 가
르쳐 주시고 이 지혜를 얻게 하여
주십시오. 만약 저희들이 부처님
이 되면 중생들도 역시 그렇게 될
것입니다.

세존께서는 중생들이 마음으로
깊이 염원하는 바를 아시고 행하
는 도를 아시며 또 지혜의 힘도 아
십니다.

즐거이 하고자 하는 것과 닦은

度脫於我等　及諸衆生類　爲分別顯示　令得是智慧
若我等得佛　衆生亦復然　世尊知衆生　深心之所念
亦知所行道　又知智慧力　欲樂及修福

복과 전생에 지은 업까지 세존께서는 모두 다 아시니 마땅히 위없는 법륜을 굴려 주십시오.

부처님께서 비구들에게 말씀하셨다.

"대통지승 부처님께서 아뇩다라삼먁삼보리를 얻으셨을 때 시방의 각 오백만억 부처님 세계가 여섯 가지로 진동을 하고, 그 세계들 중간에 있는 해와 달이 비치지

宿命所行業 世尊悉知已 當轉無上輪

佛告諸比丘 大通智勝佛 得 阿耨多羅三藐三菩提 時十方 各 五百萬億 諸佛世界 六種震動 其國中間 幽冥之處 日月威光

않는 그윽하고 어두운 곳까지 모두다 크게 밝아지므로, 그 가운데 있는 중생들이 각각 서로를 보며 모두 말하기를,

'이곳에 어찌하여 갑자기 중생들이 생겼는가?' 하였느니라.

또 그 세계의 모든 하늘 궁전과 범천의 궁전까지 여섯 가지로 진동을 하며 큰 광명이 두루 비치어 세계에 가득하니 모든 하늘의 광명들보다 더욱 밝았느니라.

所不能照 而皆大明 其中衆生 各得相見 咸作是言 此中 云何
忽生衆生 又其國界 諸天宮殿 乃至梵宮 六種震動 大光普照
遍滿世界 勝諸天光

그때 동방의 오백만억 국토 중에 있는 범천왕의 궁전에 광명이 비치어 평상시보다 배나 밝아지므로 범천왕들은 각자 생각하기를, '지금 궁전에 비치는 광명은 예전에는 없던 것이다. 어떤 인연으로 이런 모습이 나타나는가?' 하며 곧바로 모여서 이 일을 함께 논의하였느니라.

이때 그 대중 가운데 구일체라는 대범천왕이 범천의 무리를 위

爾時東方 五百萬億 諸國土中 梵天宮殿 光明照曜 倍於常明 諸 梵天王 各作是念 今者宮殿光明 昔所未有 以何因緣 而現此相 是時諸 梵天王 卽各相詣 共議此事 時彼衆中 有一大梵天王 名 救一切 爲諸梵衆 而說偈言

하여 게송으로 말하였느니라.

 우리들의 궁전에 비친 광명이 예전에는 없던 것입니다. 이것이 무슨 인연인지 모두 함께 찾아봅시다. 대덕천이 나신 것인지 부처님께서 세상에 오신 것인지 이런 큰 광명이 시방에 두루 비치고 있습니다.

 그러자 오백만억 국토의 범천

我等諸宮殿 光明昔未有 此是何因緣 宜各共求之
爲大德天生 爲佛出世間 而此大光明 遍照於十方

爾時五百萬億國土 諸 梵天王

왕들은 궁전과 함께 각자 바구니에 하늘 꽃들을 가득히 담아 함께 서방으로 나아가서 이 모습을 자세히 찾다가, 대통지승 여래가 도량의 보리수 아래 사자좌에 앉아 계시는데 여러 천인과 용왕과 건달바와 긴나라와 마후라가의 사람인듯 아닌 듯한 이들이 공경하며 둘러서서 모시고 있는것과 십육왕자가 부처님께 법륜 굴려 주시기를 청하고 있는 것을 보게 되

與 宮殿俱 各以衣裓 盛諸天華 共詣西方 推尋是相 見 大通智勝如來 處于道場 菩提樹下 坐 師子座 諸天龍王 乾闥婆 緊那羅 摩睺羅伽 人非人等 恭敬圍繞 及見十六王子請佛轉法輪

자 즉시 머리를 조아려 부처님께 예배하고, 부처님 주위를 백천 번 돌면서 하늘 꽃을 부처님 위에 뿌렸는데 그 뿌려진 꽃이 수미산 같았느니라.

그리고 부처님의 보리수에도 공양을 하니 보리수의 높이가 십 유순이나 되었느니라.

꽃으로 공양을 하고 각자 궁전을 부처님께 받들어 올리며,

'오직 불쌍히 여기시어 저희들

即時諸 梵天王 頭面禮佛 繞 百千匝 即以天華 而散佛上 其所散華 如 須彌山 幷以供養 佛菩提樹 其菩提樹 高 十由旬 華供養已 各以宮殿 奉上彼佛 而作是言

을 이익 되게 하여 주시고 바치는 궁전을 원하옵건대 부디 받아 주십시오.'

하고서는 범천왕들이 부처님 앞에서 한마음으로 다 함께 소리 내어 게송을 말하였느니라.

세존은 매우 희유하시어 만나 뵈옵기 어렵습니다.
한량없는 공덕을 갖추셨으니 능히 일체를 구하시고 보호하시

唯見哀愍 饒益我等 所獻宮殿 願垂納受 時諸梵天王 卽於佛前 一心同聲 以偈頌曰

世尊甚希有 難可得值遇 具無量功德 能救護一切

며, 하늘과 사람의 큰 스승이시
고, 세상을 불쌍히 여기시므로 시
방의 중생들이 모두다 넉넉한 이
익을 받습니다.

저희들이 온 곳은 오백만억의
나라이며, 깊은 선정의 즐거움을
버린 것은 부처님을 공양하기 위
해서입니다.

저희들은 전생의 복으로 매우
아름다운 궁전이 있습니다.
지금 세존께 받들어 올리니 원

天人之大師　哀愍於世間　十方諸衆生　普皆蒙饒益
我等所從來　五百萬億國　捨深禪定樂　爲供養佛故
我等先世福　宮殿甚嚴飾　今以奉世尊

하옵건대 불쌍히 여기시어 받아 주십시오.

　범천왕들이 게송으로 부처님을 찬탄하고는 각자 이런 말씀을 드렸느니라.

　'오직 원하옵건대 세존이시여! 법륜을 굴리시어 중생들을 제도하시고 열반의 길을 열어주십시오.'

　그리고는 다시 한마음으로 함

唯願哀納受

爾時 諸 梵天王 偈讚佛已 各作是言 唯願 世尊 轉於法輪 度脫衆生 開涅槃道 時 諸 梵天王

께 소리내어 게송으로 말하였느니라.

　세상의 영웅이신 양족존이시여! 오직 원하옵건대 법을 설하시고 대 자비의 힘으로써 고뇌하는 중생들을 제도하여주십시오.

　그때 대통지승 여래께서는 묵묵히 허락하시었느니라.
　또 비구들아!

一心同聲 而說偈言

　　世雄兩足尊 唯願演說法 以大慈悲力 度苦惱衆生

爾時 大通智勝如來 默然許之 又諸比丘

동남방의 오백만억 국토의 대범천왕들도 각자 자기의 궁전에 광명이 비치는 것을 보고 전에 없던 일이라 뛸 듯이 기뻤으나 이상히 생각하여 이 일을 다 같이 논의하였는데, 그 대중 가운데에 대비라는 대범천왕이 있다가 범천의 무리들을 위하여 게송으로 말하였느니라.

　　이 일이 어떤 인연이며 왜 이와

東南方 五百萬億國土 諸大梵王 各 自見宮殿 光明照曜 昔所未有 歡喜踊躍 生 希有心 卽各相詣 共議此事 時彼衆中 有一大梵天王 名曰大悲 爲諸梵衆 而說偈言

　　是事何因緣

같은 모습이 나타나는가?

　우리들의 모든 궁전에 예전에 없던 광명이 비치니 대덕천이 나신 것인가?

　부처님께서 세상에 오신 것인가?

　이런 모습을 본 적이 없으니 다 함께 일심으로 찾아봅시다. 천만억 국토를 지나서라도 다 함께 이 광명을 자세히 찾아봅시다. 아마도 이것은 부처님께서 괴로움에

而現如此相　我等諸宮殿　光明昔未有　爲大德天生
爲佛出世間　未曾見此相　當共一心求　過千萬億土
尋光共推之

허덕이는 중생들을 제도하시려고 세상에 오신 것일 것입니다.

　그러자 오백만억 범천왕들은 궁전과 함께 바구니에 하늘 꽃들을 가득히 담아 가지고 함께 서북방으로 나아가 이 모습을 자세히 찾다가, 대통지승 여래가 도량의 보리수 아래 사자좌에 앉아 계시는데, 여러 천인과 용왕과 건달바와 긴나라와 마후라가의 사람인

多是佛出世 度脫苦衆生

爾時 五百萬億 諸 梵天王 與 宮殿俱 各以衣祴 盛諸天華 共詣西北方 推尋是相 見 大通智 勝如來 處于道場 菩提樹下 坐師子座 諸天龍王 乾闥婆 緊那羅 摩睺羅伽人

듯 아닌 듯한 이들이 공경하며 둘러서서 모시고 있는 것과, 십육왕자가 부처님께 법륜 굴려 주실 것을 청하고 있는 것을 보게 되자 머리를 조아려 부처님께 예배하고 주위를 백천 번 돌며 하늘 꽃을 부처님 위에 뿌리니 뿌려진 꽃이 수미산 같았느니라.

부처님의 보리수에도 꽃 공양을 한 후 각자의 궁전을 부처님께 받들어 올리며 이렇게 말씀드렸

非人等 恭敬圍繞 及見十六王子 請佛轉法輪 時諸梵天王 頭面禮佛 繞 百千匝 卽以天華 而散佛上 所散之華 如 須彌山 幷以供養 佛菩提樹 華供養已 各以宮殿 奉上彼佛 而作是言

느니라.

'저희를 오직 불쌍히 여기시어 이익 되게 하시고 바치는 궁전을 원하옵건대 부디 받아 주십시오.'

그리고 나서 범천왕들이 곧바로 부처님 앞에서 한마음으로 다 함께 소리내어 게송을 하였느니라.

거룩하신 하늘의 왕께서는 가

唯見哀愍 饒益我等 所獻宮殿 願垂納受 爾時諸梵天王 卽於佛前 一心同聲 以偈頌曰

聖主天中王

릉빈가 같은 음성으로 중생들을 불쌍히 여기시므로 저희들이 지금 공경하고 예배하나이다.

세존께서는 매우 희유하시어 오래고 먼 세월에야 한 번 오셨습니다. 일백팔십 겁 동안 부처님께서 계시지 않아 헛되이 지났으므로 삼악도가 가득하고 하늘의 중생들이 줄었습니다.

이제 부처님께서 세상에 오시어 중생들을 위하여 눈이 되시고,

迦陵頻伽聲　哀愍衆生者　我等今敬禮　世尊甚希有
久遠乃一現　一百八十劫　空過無有佛　三惡道充滿
諸天衆減少　今佛出於世　爲衆生作眼

세상 사람들의 귀의할 곳이 되어 일체를 구호하시며, 중생들의 아버지가 되어 가엾게 여기시며 이익을 주십니다. 저희들은 전생의 복으로 경사스럽게도 지금 세존을 만났습니다.

 게송으로 부처님을 찬탄하고 나서,
'오직 원하옵건대 세존이시여, 일체를 불쌍히 여기시어 법륜을

世間所歸趣 救護於一切 爲衆生之父 哀愍饒益者
我等宿福慶 今得值世尊

爾時 諸 梵天王 偈讚佛已 各作是言 唯願 世尊 哀愍一切 轉於法輪

굴리시고 중생을 제도하여 해탈하게 하여 주십시오.' 하니,
 이때 범천왕들이 한마음으로 다 함께 소리 내어 게송을 말하였느니라.

 큰 성인이시여, 법륜을 굴리시어 모든 법의 모습을 나타내 보이시고 고뇌하는 중생을 제도하시어 큰 기쁨을 얻게 하소서.
 중생들이 이 법을 듣고 도를 얻

度脫衆生 時 諸梵天王 一心同聲 而說偈言

　大聖轉法輪　顯示諸法相　度苦惱衆生　令得大歡喜
衆生聞此法

어 하늘에 태어나면 나쁜 갈래들이 줄어들고 잘 참는 착한 사람이 많아지는 이익이 있습니다.

그때 대통지승 여래께서는 묵묵히 허락하셨느니라.
또 비구들아!
남방으로 오백만억 국토의 대범천왕들이 제각기 자기의 궁전에 광명이 비치는 것을 보고 예전에 없던 일이라 뛸 듯이 기뻐하며

得道若生天 諸惡道減少 忍善者增益

爾時 大通智勝如來 默然許之 又諸比丘 南方 五百萬億國土 諸大梵王 各自見宮殿 光明照曜 昔所未有 歡喜踊躍

희유한 마음을 내어 서로 모여 논의하기를 '어떠한 인연으로 우리들의 궁전에 이런 광명이 비치는가?' 하였느니라.

그 대중 가운데 묘법이라는 대범천왕이 있다가 범천의 무리를 위해 게송으로 말하였느니라.

우리들의 모든 궁전에 광명이 매우 밝게 빛나니 이것은 인연이 있을 것입니다. 이 모습을 마땅히

生 希有心 卽各相詣 共議此事 以何因緣 我等宮殿 有此光曜
而彼衆中 有一大梵天王 名曰 妙法 爲諸梵衆 而說偈言

我等諸宮殿 光明甚圍繞 此非無因緣 是相宜求之

찾아봅시다.

　백천 겁이 지나도록 이런 모습을 보지 못하였는데 대덕천이 태어나신 것입니까?

　부처님께서 세상에 오신 것입니까?

　그리하여 오백만억 범천왕들은 다 함께 궁전과 함께 바구니에 하늘 꽃들을 가득 담아 가지고 북방으로 나아가서 이 모습을 자세히

過於百千劫　未曾見是相　爲大德天生　爲佛出世間

爾時 五百萬億 諸 梵天王 與 宮殿俱 各以衣裓 盛諸天華 共詣北方 推尋是相

찾다가, 대통지승 여래가 도량의 보리수 아래 사자좌에 앉아 계시는데, 여러 천인과 용왕과 건달바와 긴나라와 마후라가의 사람인 듯 아닌 듯한 이들이 공경하며 빙 둘러 서 있는 것과 십육왕자가 부처님께 법륜 굴려 주실 것을 청하는 것을 보았느니라.

　이때 범천왕들이 머리를 조아려 부처님께 예배하고 주위를 백천 번 돌며 바로 하늘 꽃을 부처님

見大通　智勝如來　處于道場　菩提樹下　坐　師子座　諸天龍王　乾闥婆緊那羅　摩睺羅伽　人非人等　恭敬圍繞　及見十六王子　請佛轉法輪　時諸梵天　頭面禮佛　繞　百千匝　卽以天華

위에 뿌리니 뿌려진 꽃이 수미산 같았느니라. 아울러 부처님의 보리수에도 공양하였는데 꽃 공양을 마친 후에 각자 궁전을 그 부처님께 받들어 올리며 이렇게 말씀드렸느니라.

'오직 저희를 불쌍히 여기시어 이롭게 하시고 바치는 궁전을 원하옵건대 부디 받아주십시오.'

그러자 범천왕들이 부처님 앞에서 한마음으로 다 같이 소리내

而散佛上 所散之華 如 須彌山 幷以供養佛菩提樹 華供養已
各以宮殿 奉上彼佛 而作是言 唯見哀愍 饒益我等 所獻宮殿
願垂納受 爾時諸梵天王 卽於佛前 一心同聲

어 게송을 하였느니라.

　세존을 뵙기가 무척 어렵습니다. 온갖 번뇌를 없애신 분이시여 일백삼십 겁을 지나 이제서야 한 번 뵙게 되었습니다. 굶주리고 목마른 중생들에게 법비를 가득히 내려 주십시오.

　일찍이 뵈옵지 못하였으며 지혜가 한량없는 분이시여, 우담발화와 같아서 오늘에서야 만나 뵙

以偈頌曰

　　世尊甚難見　破諸煩惱者　過百三十劫　今乃得一見
　　諸飢渴衆生　以法雨充滿　昔所未曾見　無量智慧者
　　如優曇鉢華　今日乃值遇

게 되었습니다.
 저희들의 궁전이 빛을 받아서 아름답게 꾸며졌으니 세존이시여! 크게 사랑하고 불쌍히 여기시어 오직 원하옵건대 부디 받아주십시오.

 범천왕들이 게송으로 부처님을 찬탄한 후 제각기,
 '오직 원하옵건대 세존이시여! 법륜을 굴리시어 일체 세간의 모

我等諸宮殿 蒙光故嚴飾 世尊大慈悲 唯願垂納受

爾時 諸梵天王 偈讚佛已 各作是言 唯願世尊 轉於法輪 令一切世間

든 천인과 마와 범천과 사문과 바라문들로 하여금 모두 편안함을 얻어 해탈하게 하여 주십시오.'하며 한마음으로 다 같이 소리내어 게송을 말하였느니라.

오직 원하옵건대 부처님이시여, 위없는 법륜을 굴리시고 큰 법북을 치시며 큰 법 소라를 부시고 큰 법의 비를 두루 내리시어 한량없는 중생을 제도하여 주십시오.

諸天魔梵 沙門婆羅門 皆獲安隱 而得度脫 時諸梵天王 一心同聲 以偈頌曰

唯願天人尊 轉無上法輪 擊于大法鼓 而吹大法螺
普雨大法雨 度無量衆生

저희들이 다 함께 귀의하고 청하
오니 마땅히 멀고도 깊은 소리로
설하여 주십시오.

그때 대통지승 여래께서는 묵
묵히 허락하셨는데 서남방과 하
방까지도 역시 이와 같았느니라.
또 상방으로 오백만억 국토의 대
범천왕들도 모두다 궁전에 찬란
한 광명이 머물러 있음을 보고 예
전에 없던 일이라 뛸 듯이 기뻐하

我等咸歸請 當演深遠音

爾時 大通智勝如來 默然許之 西南方 乃至下方 亦復如是
爾時 上方 五百萬億國土 諸大梵王 皆悉自觀 所止宮殿 光
明圍繞 昔所未有 歡喜踊躍 生 希有心

였으나, 이상하게 여기어 곧바로 모여서 이 일을 논의하였느니라.

'어떤 인연으로 우리들의 궁전에 이런 광명이 있는가?'

그때 대중 가운데 시기라는 대범천왕이 있다가 범천의 무리들을 위하여 게송으로 말하였느니라.

지금 어떤 인연으로 우리들의 궁전에 전에 없던 찬란한 광명이

即各相詣 共議此事 以何因緣 我等宮殿 有斯光明 時彼衆中 有一大梵天王 名曰尸棄 爲諸梵衆 而說偈言

今以何因緣 我等諸宮殿 威德光明曜

비치어 아름답게 꾸며지는가?

 이와 같이 좋은 모습을 예전에는 듣지도 못하고, 보지도 못하였는데 대덕천이 나신 것인가?

 부처님께서 세상에 오신 것인가?

 오백만억 범천왕들이 궁전과 함께 바구니에 하늘 꽃을 가득히 담아 다 같이 하방으로 나아가 이 모습을 자세히 찾다가, 대통지승

嚴飾未曾有 如是之妙相 昔所未聞見 爲大德天生
爲佛出世間

爾時 五百萬億 諸 梵天王 與 宮殿俱 各以衣裓 盛諸天華
共詣下方 推尋是相 見 大通智勝如來

여래가 도량의 보리수 아래 사자좌에 앉아 계시는데 여러 하늘과 용왕과 건달바와 긴나라와 마후라가의 사람인듯 아닌 듯한 이들이 공경하며 둘러서 있는 것과 십육 왕자가 부처님께 법륜 굴려 주실 것을 청하는 것을 보고서 머리를 조아려 부처님께 예배하고 주위를 백천 번 돌며 하늘 꽃을 부처님 위에 뿌리니 뿌려진 꽃이 수미산 같았느니라.

處于道場 菩提樹下 坐師子座 諸天龍王 乾闥婆 緊那羅 摩睺羅伽 人非人等恭敬圍繞 及見十六王子請佛轉法輪 時諸梵天 頭面禮佛 繞 百千匝 卽以天華 而散佛上 所散之花 如須彌山 幷以供養

아울러 부처님의 보리수에도 공양을 하였는데 꽃 공양을 다하고 각자 궁전을 그 부처님께 받들어 올리며, '저희들을 오직 불쌍히 여기시어 이익 되게 하시고 바치는 궁전을 원하옵건대 부디 받아 주십시오.' 하며 부처님 앞에서 일심으로 다 같이 소리내어 게송으로 말하였느니라.

거룩하십니다.

佛菩提樹 華供養已 各以宮殿 奉上彼佛 而作是言 惟見哀愍 饒益我等 所獻宮殿 願垂納受 時諸梵天王 卽於佛前 一心同聲 以偈頌曰

善哉見諸佛

부처님들을 뵈오니 세상을 구하시는 성스럽고 높으신 분이라서 삼계의 지옥에서 중생들을 부지런히 건져 내십니다. 넓은 지혜를 갖추신 부처님께서 어린 싹과 같은 무리들을 불쌍히 여기시어 감로의 문을 여시고 일체를 널리 구제하십니다.

과거의 한량없는 겁이 부처님께서 계시지 않아 헛되이 지나갔습니다. 세존께서 오시기 전에는

救世之聖尊　能於三界獄　勉出諸衆生　普智天人尊
哀愍群萌類　能開甘露門　廣度於一切　於昔無量劫
空過無有佛　世尊未出時

시방이 항상 어둡고 캄캄하여 삼악도는 더욱 늘어났고, 아수라도 더욱 왕성해졌으며, 하늘 중생들은 점점 줄어들고, 죽어서는 악도에 떨어지는 것이 많아졌습니다. 부처님으로부터 법을 듣지 못하여 항상 선하지 못한 일을 저지르고 육신과 힘과 지혜 등 이런 것들이 모두 줄어들고, 죄업의 인연으로 즐거움과 즐거운 생각까지 잃어버리고 그릇되게 보는 법에 머

十方常暗冥　三惡道增長　阿修羅亦盛　諸天衆轉減
死多墮惡道　不從佛聞法　常行不善事　色力及智慧
斯等皆減少　罪業因緣故　失樂及樂想　住於邪見法

물러, 바른 예의와 법칙을 알지 못하고 부처님께서 교화하시는 바를 입지 못하여 항상 악도에 떨어졌습니다.

세상의 눈이신 부처님께서 오랜 세월이 지난 후에야 오셨습니다. 중생들을 불쌍히 여기시어 세상에 오시며, 세상을 초월하여 바른 깨달음을 이루셨습니다.

저희들은 매우 기쁘고 경사스러우며, 다른 일체의 중생들도 기

不識善儀則　不蒙佛所化　常墮於惡道　佛爲世間眼
久遠時乃出　哀愍諸衆生　故現於世間　超出成正覺
我等甚欣慶　及餘一切衆

뻐하며 미증유라 찬탄합니다. 저희들의 궁전이 광명을 받아 아름답게 꾸며졌는데 세존께 받들어 올리니, 오직 불쌍히 여기시어 받아들여 주십시오.

 원하옵건대 이 공덕이 두루 일체에게 미치게 하여서 저희와 더불어 중생들도 다 함께 불도를 이루게 하여 주십시오.

 오백만억 범천왕들이 게송으로

喜歡未曾有 我等諸宮殿 蒙光故嚴飾 今以奉世尊
唯垂哀納受 願以此功德 普及於一切 我等與衆生
皆共成佛道

爾時 五百萬億 諸梵天王 偈讚佛已

찬탄한 후 제각기,

 '오직 원하옵건대 세존이시여! 법륜을 굴려 주십시오. 편안함이 많고 제도 받아 해탈함이 많을 것입니다.' 하며 법천왕들이 다시 게송으로 말하였느니라.

세존이시여!

 법륜을 굴리시고 감로의 법 북을 치시어 고뇌하는 중생들을 건지시고 열반의 길을 열어 보여 주

各白佛言 唯願世尊 轉於法輪 多所安隱 多所度脫 時諸梵天王 而說偈言

　　世尊轉法輪 擊甘露法鼓 度苦惱衆生 開示涅槃道

십시오. 오직 원하옵건대 저희들의 청을 받아들여 불쌍히 여기시어 크고 미묘한 음성으로 한량없는 겁 동안 익히신 법을 널리 설하여 주십시오.

그때 대통지승 여래께서 시방의 모든 범천왕들과 십육왕자의 청을 받아들여 삼전 십이항의 법륜을 굴리셨는데, 사문이나 바라문과 하늘과 마와 범천과 아울러

唯願受我請 以大微妙音 哀愍而敷演 無量劫習法

爾時 大通智勝如來 受 十方諸梵天王 及十六王子請 卽時 三轉十二行法輪 若 沙門婆羅門 若天魔梵

세상의 어느 누구라도 굴릴 수가 없는것이었다.

이른바 이것이 괴로움이며, 이것이 괴로움의 원인이며, 이것이 괴로움의 없어짐이며, 이것이 괴로움을 없애는 길이라 하시고 또 십이인연법을 자세히 설하셨으니, 무명은 행을 인연하고, 행은 식을 인연하며, 식은 명색을 인연하고, 명색은 육입을 인연하며, 육입은 촉을 인연하고, 촉은 수를

及餘世間 所不能轉 謂是苦 是苦集 是苦滅 是 苦滅道 及 廣說十二因緣法 無明緣行 行緣識 識緣名色 名色緣 六入 六入緣觸 觸緣受

인연하며, 수는 애를 인연하고, 애는 취를 인연하며, 취는 유를 인연하고, 유는 생을 인연하며, 생은 노·사·우·비·고·뇌를 인연하느니라.

무명이 멸하면 행이 멸하고, 행이 멸하면 식이 멸하고, 식이 멸하면 명색이 멸하고, 명색이 멸하면 육입이 멸하고, 육입이 멸하면 촉이 멸하고, 촉이 멸하면 수가 멸하고, 수가 멸하면 애가 멸하고, 애

受緣愛 愛緣取 取緣有 有緣生 生緣老死憂悲苦惱 無明滅則行滅 行滅則識滅 識滅則名色滅 名色滅則六入滅 六入滅則觸滅 觸滅則受滅 受滅則愛滅

가 멸하면 취가 멸하고, 취가 멸하면 유가 멸하고, 유가 멸하면 생이 멸하고, 생이 멸하면 노·사·우·비·고·뇌가 멸하느니라.

부처님께서 하늘과 사람의 대중 가운데서 이 법을 설하실 때 육백만억 나유타의 사람들이 모든 존재에 대하여 집착하지 않은 까닭에 모든 번뇌에서 마음의 해탈을 얻고 모두다 깊고 묘한 선정과 삼명과 육신통을 얻어 팔 해탈을

愛滅則取滅 取滅則有滅 有滅則生滅 生滅則 老死憂悲苦惱滅 佛於天人大衆之中 說是法時 六百萬億那由他人 以不受一切法故 而於諸漏 心得解脫 皆得深 妙禪定 三明六通 具八解脫

갖추게 되었느니라.

　두 번째, 세 번째, 네 번째 설법 하실 때에도 천만억 항하사 나유타의 중생들이 역시 모든 존재에 대하여 집착하지 않은 까닭에 모든 번뇌에서 마음의 해탈을 얻었으며, 이후로부터 성문 대중들도 한량없고 가없어서 그 수를 헤아릴 수가 없었느니라.

　그때 십육왕자는 모두 동자로써 출가하여 사미가 되었는데 근

第二第三 第四說法時 千萬億 恒河沙 那由他等衆生 亦以不受一切法故 而於諸漏 心得解脫 從是已後 諸 聲聞衆 無量無邊 不可稱數
爾時 十六王子 皆以童子 出家 而爲沙彌

기가 뛰어나고 지혜가 총명하여, 백천만억 부처님들을 공양하고 범행을 깨끗이 닦아 아뇩다라삼먁삼보리를 구하며 다 함께 부처님께 말씀드렸느니라.

'세존이시여!

큰 덕행이 있는 이 한량없는 천만억의 성문들은 모두다 성취하였습니다.

세존께서 저희들을 위하여서도 아뇩다라삼먁삼보리의 법을 설하

諸根 通利 智慧明了 已曾供養 百千萬億諸佛 淨修梵行 求阿耨多羅三藐三菩提 俱 白佛言 世尊 是諸無量 千萬億 大德聲聞 皆已成就 世尊 亦當爲我等 說 阿耨多羅三藐三菩提法

여 주십시오. 저희들이 듣고 다 함께 닦고 배우겠습니다.

세존이시여! 저희들은 여래의 지견을 바라고 원합니다. 마음 깊이 염원하고 있는 것을 부처님께서는 잘 아시지 않습니까?'

그때 전륜성왕이 데리고 온 대중 가운데 팔만억의 사람이 십육왕자께서 출가하는 것을 보고 역시 출가하기를 원하므로 왕이 듣고 바로 허락하였느니라.

我等 聞已 皆共修學 世尊 我等志願 如來知見 深心所念 佛自證知 爾時 轉輪聖王 所將衆中 八萬億人 見 十六王子出家 亦求出家 王卽聽許

그때 그 부처님께서는 사미들의 청을 받고 이만 겁이 지나서야 사부 대중 가운데에서 대승경을 설하시었는데, 이름은 묘법연화경이고, 보살을 가르치는 법이며, 부처님께서 호념하시는 바이었다.

이 경을 설하시자, 십육사미는 아뇩다라삼먁삼보리를 위하여 다 함께 받아 지니고 읽고 외워서 통달하였느니라. 이 경을 설하실 때

爾時 彼佛 受 沙彌請 過 二萬劫已 乃於四 衆之中 說是大乘經 名 妙法蓮華 敎 菩薩法 佛所護念 說是經已 十六沙彌 爲 阿耨多羅三藐三菩提故 皆共受持 諷誦通利 說是經時

십육보살 사미들은 모두 다 믿고 받아들였으며, 성문 대중 가운데서도 역시 믿고 이해하는 자가 있었으나 그 밖의 천만억 중생들은 모두 다 의심하였느니라.

부처님께서 팔천 겁 동안 쉬거나 그만두지 않고 이 경을 설하시고 이 경을 다 설하신 후 바로 고요한 방에 들어가시어 팔만사천 겁 동안 선정에 머무르셨는데 이 때 십육보살 사미는 부처님께서

十六菩薩沙彌 皆悉信受 聲聞衆中 亦有信解 其餘衆生 千萬億種 皆生疑惑 佛說是經 於 八千劫 未曾休廢 說此經已 卽入靜室 住於禪定 八萬四千劫 是時 十六菩薩沙彌

방에 들어가셔서 고요히 선정에 드셨음을 알고, 각자 법좌에 올라가 팔만사천 겁 동안 사부 대중을 위하여 묘법연화경을 널리 분별하여 설하였으며 모두다 육백만억 나유타 항하사 같은 중생들을 제도하였는데, 보여주고 가르쳐서 이롭고 기쁘게 하였으며, 아뇩다라삼먁삼보리의 마음을 내게 하였느니라.

대통지승 부처님께서 팔만사천

知佛入室 寂然禪定 各陞法座 亦於八萬四千劫 爲 四部衆 廣說分別 妙法華經 一一皆度 六百萬億 那由他 恒河沙等衆生 示敎利喜 令發阿耨多羅三藐三菩提心 大通智勝佛 過八萬四千劫已

겁이 지나자 삼매에서 일어나 법좌에 나아가 편안하게 앉으셔서 널리 대중에게 말씀하셨느니라.

'이 십육보살 사미들은 매우 희유하고 근기가 뛰어나며, 지혜가 총명하여 한량없는 천만억 부처님을 공양하고 부처님 처소에서 항상 범행을 닦고, 부처님의 지혜를 받아 지니고 중생들을 가르쳐 그 가운데로 들어가게 하니, 너희들은 모두다 수시로 가까이 하

從 三昧起 往詣法座 安詳而坐 普告大衆 是 十六菩薩 沙彌 甚爲希有 諸根 通利 智慧明了 已曾 供養 無量千萬億數諸佛 於諸佛所 常修梵行 受持佛智 開示衆生 令入其中 汝等 皆當 數數親近

여 모시고 공양하여라.'

　왜냐하면 만약에 성문이나 벽지불이나 보살들로서 이 십육보살이 설하는 경전의 가르침을 믿고 받아들여 지니며 헐뜯지 않는 자들은 모두다 아뇩다라삼먁삼보리인 여래의 지혜를 얻을 것이기 때문이니라."

　부처님께서 비구들에게 말씀하셨다.

　"이 십육보살은 항상 이 묘법

而供養之 所以者何 若 聲聞辟支佛 及諸菩薩 能信是 十六菩薩所說經法 受持不毀者 是人 皆 當得阿耨多羅三藐三菩提 如來之慧 佛告諸比丘 是 十六菩薩 常樂說

연화경을 즐겁게 설하여 보살들마다 교화한 육백만억 나유타 항하사 같은 중생들은 세세생생 보살과 함께 나며 그들로부터 법을 들으며 모두 믿고 이해하느니라. 이런 인연으로 사만억 부처님들을 만나게 되는데 지금도 다하지 않았느니라.

비구들아!

내가 지금 너희에게 말하는데 그 부처님의 제자인 십육사미들

是妙法蓮華經 一一菩薩 所化 六百萬億那由他 恒河沙等衆生 世世所生 與菩薩俱 從其聞法 悉皆信解 以此因緣 得値四百萬億 諸佛世尊 于今不盡
諸比丘 我今語汝 彼佛弟子 十六沙彌

은 지금 모두다 아뇩다라삼먁삼보리를 얻고 시방의 국토에서 법을 설하고 있는데, 한량없는 백천만억 보살과 성문들이 권속으로 있느니라.

그들 중 두 사미는 동방의 부처님이 되셨는데 첫째의 이름은 아촉이고 환희국에 계시며, 둘째의 이름은 수미정이니라.

동남방의 두 부처님 즉, 첫째는 사자음이고 둘째는 사자상이며

今皆得 阿耨多羅三藐三菩提 於 十方國土 現在說法 有 無量百千萬億 菩薩聲聞 以爲眷屬
其 二沙彌 東方 作佛 一名 阿閦 在歡喜國 二名 須彌頂 東南方二佛 一名 師子音 二名 師子相

남방의 두 부처님, 첫째는 허공주이고 둘째는 상멸이며 서남방의 두 부처님 즉, 첫째는 제상이고 둘째는 범상이며 서방의 두 부처님 즉, 첫째는 아미타이고 둘째는 도일체 세간고뇌이며 서북방의 두 부처님 즉, 첫째는 다마라발전단향신통이고, 둘째는 수미상이며 북방의 두 부처님 즉, 첫째는 운자재이고 둘째는 운자재왕이며 동북방 부처님의 이름은 괴 일체세

南方二佛 一名 虛空住 二名 常滅 西南方二佛 一名 帝相 二名 梵相 西方二佛 一名 阿彌陀 二名 度 一切 世間苦惱 西北方二佛 一名 多摩羅跋栴檀香神通 二名 須彌相 北方二佛 一名 雲自在 二名 雲自在王 東北方佛名 壞

간포외이고, 열여섯 번째는 나 석가모니불인데 사바세계에서 아뇩다라삼먁삼보리를 이루었노라.
 비구들아!
 우리들이 사미로 있을 때에 각각 한량없는 백천만억 항하사의 중생들을 교화하였는데, 우리들로부터 법을 들은 것은 아뇩다라삼먁삼보리를 위한 것이었노라. 이들은 지금 성문의 지위에 머무르고 있는 자들인데 내가 항상 아

一切世間怖畏 第十六 我 釋迦牟尼佛 於 娑婆國土 成 阿耨多羅三藐三菩提 諸比丘 我等 爲 沙彌時 各各敎化 無量百千萬億 恒河沙等衆生 從我聞法 爲 阿耨多羅三藐三菩提 此諸衆生 于今有住聲聞 地者 我常敎化

눅다라삼먁삼보리로 교화하였으므로 이 사람들도 당연히 이 법으로써 차츰 불도에 들어가게 되느니라. 왜냐하면 여래의 지혜는 믿기 어려우며 이해하기 어렵기 때문이니라.

그때 교화를 한 한량없는 항하의 모래 수 같은 중생들은 너희들 모든 비구와 내가 열반한 후의 미래 세상에 있을 성문 제자들이니라. 내가 열반한 후에 어떤 제자가

阿耨多羅三藐三菩提 是諸人等 應以是法 漸入佛道 所以者何 如來智慧 難信難解 爾時所化 無量恒河沙等衆生者 汝等諸比丘 及我滅度後 未來世中 聲聞弟子 是也 我滅度後 復有弟子

이 경을 듣지 못하여 보살이 행하여야 할 바를 알지 못하고 깨닫지 못하여, 자기가 얻은 공덕에 대하여 열반을 얻었다는 생각을 내어 마땅히 열반에 들게 되었다고 하겠지만, 내가 다른 나라에서 부처님이 되어 다시 다른 이름으로 있다가 이 사람이 비록 열반하였다는 생각을 내어 열반에 들더라도 그 나라에서 부처님의 지혜를 구하고 이 경을 듣게 될 것이니라.

不聞是經 不知不覺菩薩所行 自於所得功德 生 滅度想 當入涅槃 我於餘國 作佛 更有異名 是人 雖生滅度之想 入於涅槃 而於彼土 求佛智慧 得聞是經

오직 불승만으로 열반을 얻을 수 있지, 다른 승은 없느니라. 그러나 여래가 방편으로 설한 법은 제외하느니라.

비구들아!

만약 여래가 열반할 때가 되어 대중들이 청정하고 믿음과 이해가 굳고 단단하며, 공의 법을 깨달아서 깊이 선정에 든 것을 알게 되면, 곧 보살과 성문들을 모아서 이 경을 설하느니라. 세상에 이승으

唯以佛乘 而得滅度 更無餘乘 除諸如來 方便說法
諸比丘 若如來 自知涅槃時到 衆又清淨 信解堅固 了達空法
深入禪定 便集諸菩薩 及 聲聞衆 爲說是經 世間 無有二乘

로 열반을 얻을 수 있는 것은 없으며, 오직 일불승으로 열반을 얻느니라.

비구들아!

마땅히 알아라. 여래는 방편으로 중생들의 성품에 깊이 들어가서 그들의 생각이 소승법을 좋아하여 오욕에 깊이 빠져 있는 것을 알고 이들을 위하므로 열반을 설하는데, 이들이 들으면 곧 바로 믿고 받아들이느니라.

而得滅度 唯 一佛乘 得 滅度耳
比丘 當知　如來方便　深入衆生之性　知其志樂小法 深著五欲 爲是等故 說於涅槃 是人 若聞 則便信受

비유하면 오백 유순이나 되는 험하고 어렵고 나쁜 길이 인적도 없고 두려우며 무서운데, 여러 사람이 이 길을 지나서 진귀한 보배가 있는 곳으로 가려할 때 도사가 한 사람 있었느니라. 총명하고 지혜로우며 밝게 깨달아서 험한 길의 통하고 막힌 모습을 잘 알아 사람들을 데리고 이 험한 길을 지나가려고 하였는데, 따라가던 사람들이 중도에서 게을러져 물러서

譬如五百由旬 險難惡道 曠絶無人 怖畏之處 若有多衆 欲過此道 至珍寶處 有 一導師 聰慧明達 善知險道 通塞之相 將導衆人 欲過此難 所將人衆 中路懈退 白

며 도사에게 말하기를, '저희들은 매우 피곤하고 두렵고 무서워서 더 갈 수가 없습니다. 갈 길이 아직도 많이 남았으니 지금 되돌아가고 싶습니다.' 하기에 도사는 방편이 많은지라 이런 생각을 하였느니라.

'이들이 불쌍하구나. 어찌하여 크고 진귀한 보물을 두고 되돌아가려 하는가?'

이런 생각을 하고는 방편력으

導師言 我等 痴極 而復怖畏 不能復進 前路猶遠 今欲退還 導師 多諸方便 而作是念 此等 可愍 云何捨 大珍寶 而欲退還 作是念已 以 方便力

로 삼백 유순이 지난 험한 길의 중간에 성 하나를 변화로 만들어 두고 사람들에게,

'당신들은 두려워하지 말고 되돌아가지 말아라. 지금 이 성에서 머무르면 무엇이든 마음대로 할 수 있느니라. 이 성에 들어가면 마음이 편안해질 것이고, 만약 보물이 있는 곳으로 가고자 하면 갈 수도 있느니라.' 하였느니라.

이때 몹시 피곤한 사람들이 대

於 險道中 過 三百由旬 化作一城 告 衆人言 汝等 勿怖 莫得退還 今此大城 可於中止 隨意所作 若入是城 快得安隱 若能前至寶所 亦可得去
是時 疲極之衆

단히 기뻐하며 뜻밖이라 찬탄하고 '우리들은 이제 이 나쁜 길을 벗어나게 되었으며 아주 편안하게 되었다.' 하였느니라.

이 사람들이 앞에 있는 변화로 된 성에 들어가서 이미 벗어났다는 생각을 하며 편안하다는 생각을 내었는데, 이때 도사는 이 사람들이 잘 쉬어서 다시는 피곤함이 없음을 알고 변화로 만든 성을 없애 버리며 사람들에게, '너희들

心大歡喜 歎 未曾有 我等 今者 免斯惡道 快得安隱 於是衆人 前入化城 生 已度想 生 安隱想 爾時導師 知此 人衆 旣得止息 無復疲惓 卽滅化城 語 衆人言

은 나아가라. 보배가 있는 곳이 가까이 있다. 먼저 있던 큰 성은 내가 머물러 쉬게 하려고 변화로 만들었던 것이다.' 하였느니라.

비구들아!

여래도 역시 이와 같느니라. 지금 너희들을 위하여 대도사가 되어 모든 생사와 번뇌의 나쁜 길이 험하고 어려우며 길고 멀지만, 마땅히 가야 할 곳과 마땅히 제도하여야 할 바를 알고 있느니라. 만약

汝等 去來 寶處在近 向者大城 我所化作 爲 止息耳
諸比丘 如來 亦復如是 今爲汝等 作 大導師 知諸生死 煩惱
惡道 險難長遠 應去應度

중생이 일불승만 듣는다면 부처님을 뵈려 하지 않고 가까이 하려고도 않으며 '부처님의 길은 길고 멀어서 오랜 세월 부지런히 고행을 하여야만 겨우 이룰 수 있는 것이구나.'라고 생각하느니라.

그리하여 부처님께서 이들의 마음이 겁이 많고 약하며 낮고 못났음을 알고 방편력으로 중도에 머물러 쉬게 하려고 이승의 열반을 설하는데, 만약 중생이 이승의

若衆生 但聞一佛乘者 則 不欲見佛 不欲親近 便作是念 佛道長遠 久受勤苦 乃可得成 佛知是心 怯弱下劣 以 方便力 而於中道 爲 止息故 說 二涅槃 若衆生

열반에 머무르면 그때에 '너희들은 해야 할 바를 다 하지 못하였느니라. 너희가 머무르고 있는 지위는 부처님의 지혜에 가까우니 자세히 살펴보고 헤아려 보아라.

너희들이 얻은 열반은 진실한 것이 아니니라. 이것은 단지 여래가 방편력으로 일불승에서 분별하여 삼승을 설한 것뿐이니라.' 고 하느니라.

마치 저 도사가 쉬어 가게 하려

住於二地 如來爾時 卽便爲說 汝等 所作未辦 汝所住地 近於佛慧 當 觀察籌量 所得涅槃 非 眞實也 但是如來 方便之力 於 一佛乘 分別 說三 如彼導師 爲 止息故

고 변화로 큰 성을 만들었다가 다 쉬었음을 알고 '보배가 가까운 곳에 있다. 이 성은 진짜가 아니고 내가 변화로 만든 것이다.' 하는 것과 같느니라."

세존께서 이 뜻을 거듭 펴시려고 게송으로 말씀하셨다.

대통지승 부처님께서 십소겁 동안 도량에 앉아 계셨으나 불법이 나타나지 않아 불도를 이루지

化作大城 旣知息已 而 告之言 寶處在近 此城 非實 我 化作耳 爾時世尊 欲 重宣此義 而說偈言

大通智勝佛 十劫坐道場 佛法不現前 不得成佛道

못하셨는데, 하늘과 신과 용왕과 아수라들이 항상 하늘 꽃을 내려 부처님께 공양하였고, 모든 하늘에서는 하늘 북이 울리고 온갖 음악들이 울리며 향기로운 바람이 시들어진 꽃을 불어내니 새롭고 싱싱한 꽃이 다시 내렸느니라. 십소겁이 지나서야 불도를 이루시니, 하늘과 세상 사람들이 모두 뛸 듯이 기뻐하였느니라.

그 부처님의 십육왕자가 그들

諸天神龍王　阿修羅衆等　常雨於天華　以供養彼佛
諸天擊天鼓　幷作衆伎樂　香風吹萎華　更雨新好者
過十小劫已　乃得成佛道　諸天及世人　心皆懷踊躍
彼佛十六子

의 천만억 권속들에 둘러싸이어 다
함께 부처님 처소로 가서 머리를
조아려 부처님의 발에 예배하고
법륜 굴려주실 것을 청하였느니
라.

'성사자이시여! 법의 비로 저
희와 일체를 흡족하게 하소서. 세
존을 만나 뵈옵기 참으로 어려워
오랜 세월에야 한 번 뵈오니 중생
들을 깨우치시려고 일체를 진동
하게 하십니다.'

皆與其眷屬　千萬億圍繞　俱行至佛所　頭面禮佛足
而請轉法輪　聖師子法雨　充我及一切　世尊甚難値
久遠時一現　爲覺悟群生　震動於一切

동방 세계의 오백만억 국토에 있는 범천왕의 궁전이 밝게 빛나니 예전에는 있지 아니한 것이라서 범천왕들이 이 모습을 보고 부처님 계신 곳으로 찾아가서 꽃을 뿌리며 공양하고, 궁전을 받들어 올리며 부처님께 법륜 굴리실 것을 청하며 게송으로 찬탄하였으나, 부처님께서는 때가 되지 않았음을 아시고 청을 받고도 묵묵히 앉아 계시었느니라.

東方諸世界　五百萬億國　梵宮殿光曜　昔所未曾有
諸梵見此相　尋來至佛所　散花以供養　幷奉上宮殿
請佛轉法輪　以偈而讚歎　佛知時未至　受請默然坐

세 방향과 네 모퉁이와 위와 아래도 역시 이와 같이 꽃을 뿌리고 궁전을 바치며 부처님께 법륜 굴리시기를 청하며,

'세존을 만나 뵙기가 매우 어렵습니다. 원하옵건대 본래의 자비로 감로의 문을 활짝 여시고 위없는 법륜을 굴려 주십시오.' 하였느니라.

한량없는 지혜가 있는 세존께서 중생들의 청을 받으시어 가지

三方及四維　上下亦復爾　散花奉宮殿　請佛轉法輪
世尊甚難値　願以本慈悲　廣開甘露門　轉無上法輪
無量慧世尊　受彼衆人請

가지 법과 사제와 십이인연을 펴시며 '무명에서 늙고 죽음까지가 모두다 생으로부터 인연하여 있으니 이와 같이 지나야 할 어려움들을 너희들은 마땅히 알아라.' 하셨느니라.

　이 법을 널리 펴실 때 육백만억 해의 중생들이 고제를 얻고 해탈하여 모두 아라한을 이루었으며, 두 번째 법을 설하실 때에도 천만 항하사의 중생들이 모든 것에 집

爲宣種種法　四諦十二緣　無明至老死　皆從生緣有
如是衆過患　汝等應當知　宣暢是法時　六百萬億姟
得盡諸苦際　皆成阿羅漢　第二說法時　千萬恒沙衆

착하지 않아 역시 아라한이 되니, 이후로부터 도를 얻은 사람들이 그 수가 한량없어 만억 겁 동안 헤아려도 그 끝을 알 수가 없느니라.

 십육왕자는 출가하여 사미가 되었을 때 다 같이 그 부처님께 대승법 설하여 주실 것을 청하였느니라.

 '저희와 저희를 따라온 이들이 모두 불도를 이루어 세존과 같이 제일 맑은 지혜의 눈 얻기를 원합

於諸法不受 亦得阿羅漢 從是後得道 其數無有量
萬億劫算數 不能得其邊 時十六王子 出家作沙彌
皆共請彼佛 演說大乘法 我等及營從 皆當成佛道
願得如世尊 慧眼第一淨

니다.'

　부처님께서는 왕자들의 마음과 지난 세상의 수행을 아시고 한량없는 인연과 가지가지 비유로 육바라밀과 신통한 일들을 설하시며 진실한 법인 보살이 행하여야 할 도를 자세히 말씀하시며 이 법화경의 항하사 같은 게송을 설하셨느니라.

　그 부처님께서 이 경을 설하시고 고요한 방에서 선정에 들어가

佛知童子心　宿世之所行　以無量因緣　種種諸譬喩
說六波羅蜜　及諸神通事　分別眞實法　菩薩所行道
說是法華經　如恒河沙偈　彼佛說經已　靜室入禪定

일심으로 한 곳에서 팔만사천 겁 동안 앉아계셨느니라.

　이 사미들은 부처님께서 선정에 드신 것을 알고 한량없는 억의 중생을 위하여 부처님의 위없는 지혜를 설하려고 각각 법좌에 앉아 이 대승경을 설하였으며, 부처님께서 고요함을 즐기신 후에는 법으로 교화하시는 것을 도우며 널리 떨치니 사미들마다 제도한 중생들이 육백만억 항하사 같은

一心一處坐　八萬四千劫　是諸沙彌等　知佛禪未出
爲無量億衆　說佛無上慧　各各坐法座　說是大乘經
於佛宴寂後　宣揚助法化　一一沙彌等　所度諸衆生
有六百萬億　恒河沙等衆

중생들이었느니라.

  그 부처님께서 열반하신 후 법을 들은 이런 사람들은 곳곳의 부처님 나라에 항상 스승과 함께 태어나느니라. 이 십육사미는 불도를 두루 갖추어 행하고 지금은 시방에서 각각 정각을 이루었고, 그 때 법을 들은 자들도 각각 그 부처님 처소에서 성문에 머무르고 있는데 점차 부처님의 도로 가르쳐 인도하느니라.

彼佛滅度後 是諸聞法者 在在諸佛土 常與師俱生
是十六沙彌 具足行佛道 今現在十方 各得成正覺
爾時聞法者 各在諸佛所 其有住聲聞 漸教以佛道

십육사미로 있던 나도 너희들을 위해 설하였느니라. 그러므로 방편으로 너희를 인도하여 부처님 지혜에 나아가게 하느니라.

이와 같은 본래의 인연으로 지금 법화경을 설하여 너희들로 하여금 불도에 들도록 하니 부디 놀라거나 두려워하지 말아라. 비유하자면 험하고 나쁜 길에 인적이 끊어지고 사나운 짐승이 많은데 물도 없고 풀도 없어서 사람들이

我在十六數　曾亦爲汝說　是故以方便　引汝趣佛慧
以是本因緣　今說法華經　令汝入佛道　愼勿懷驚懼
譬如險惡道　逈絶多毒獸　又復無水草

무서워하였느니라. 수없는 천만 중생이 이 험한 길을 지나가려 하지만 그 길은 매우 멀어서 오백 유순이나 되었느니라.

그때 도사가 한 사람 있었는데 식견이 많고 지혜로우며 밝게 깨달아 마음이 견고하였으므로 험한 곳에서 온갖 어려움을 건지었느니라.

사람들이 모두 피곤하고 게을러져 도사에게 '우리들은 이제

人所怖畏處　無數千萬衆　欲過此險道　其路甚曠遠
經五百由旬　時有一導師　强識有智慧　明了心決定
在險濟衆難　衆人皆疲倦　而白導師言　我等今頓乏

그만두고 이곳에서 되돌아가려 합니다.' 하자,

'이 사람들이 매우 불쌍하구나. 어찌하여 되돌아가 매우 진귀한 보물을 잃으려 하는가?'

하고 방편으로 신통력을 펴리라 하며 변화로 큰 성곽을 만드니 집들은 아름답게 꾸며졌고, 주위에는 동산과 수풀과 흐르는 개천과 목욕하는 못이 있고 겹문과 높은 누각마다 남녀들이 가득하였

於此欲退還 導師作是念 此輩甚可愍 如何欲退還
而失大珍寶 尋時思方便 當說神通力 化作大城郭
莊嚴諸舍宅 周匝有園林 渠流及浴池 重門高樓閣
男女皆充滿

느니라.

　이같이 변화로 만들어 놓고 바로 중생들을 위로하며 '두려워하지 말아라. 이 성에 들어가면 각자 즐기고 싶은 대로 즐길 수 있느니라.' 하니 사람들이 곧 성에 들어가 모두 크게 기뻐하고 편안히 지내며 다 지나온 것같이 여기었느니라.

　그러나 도사는 사람들이 잘 쉬었음을 알고 그들을 모아놓고

卽作是化已　慰衆言勿懼　汝等入此城　各可隨所樂
諸人旣入城　心皆大歡喜　皆生安隱想　自謂已得度
導師知息已　集衆而告言

'너희들은 마땅히 앞으로 나아가라. 이것은 변화로 된 성이다. 내가 너희들이 몹시 피곤하여 중도에서 되돌아가려는 것을 보고 방편력으로 이 성을 변화로써 만들었으니, 너희들은 이제 부지런히 정진하여 다 같이 보배가 있는 곳에 이르러야 하느니라.' 하였느니라.

나도 역시 이와 같아서 일체 중생의 도사인데, 도를 구하는 사람

汝等當前進	此是化城耳	我見汝疲極	中路欲退還
故以方便力	權化作此城	汝等勤精進	當共至寶所
我亦復如是	爲一切導師	見諸求道者	

들을 보니 중도에서 게을러져 그
만두고 나고 죽으며 번뇌하는 험
한 길들을 건너지 못하므로 방편
력으로 쉬게 하려고 열반을 설한
것이니라.

　너희들은 괴로움이 없어졌으며
해야 할 바를 모두 다 했다고 말하
며 이미 열반에 이르러 모두 아라
한이 된 것으로 알므로 이에 대중
을 모아 놓고 진실한 법을 설하는
것이니라.

中路而懈廢　不能度生死　煩惱諸險道　故以方便力
爲息說涅槃　言汝等苦滅　所作皆已辦　旣知到涅槃
皆得阿羅漢　爾乃集大衆　爲說眞實法

부처님들께서는 방편력으로 삼승으로 구분하여 설하셨는데 쉬게 하려고 이승을 설하신 것이지, 오직 일불승만 있을 뿐이니라.

　이제 너희들을 위해 진실을 말하노니 너희들이 얻은 것은 열반이 아니니, 부처님의 일체지를 위하여 당연히 큰 정진을 일으켜라. 너희들이 일체지와 십력 등 부처님의 법을 깨달아 삼십이상을 갖추어야 진실한 열반이니라.

諸佛方便力　分別說三乘　唯有一佛乘　息處故說二
今爲汝說實　汝所得非滅　爲佛一切智　當發大精進
汝證一切智　十力等佛法　具三十二相　乃是眞實滅

부처님들께서는 중생을 인도하시는 분이시라 쉬게 하려고 열반을 설하시고, 다 쉬었음을 아시고서는 부처님의 지혜에 들게 인도하시느니라.

제 칠 화성유품 끝
묘법연화경 제 삼권 끝

諸佛之導師 爲息說涅槃 旣知是息已 引入於佛慧

第 七 化城喩品 終
妙法蓮華經 卷 第 三 終

내가 내 스스로를 사랑한다면
자신을 찾는 노력이 필요하다.
참선,
기도,
사경,
독경 하면서…

다음카페 불교인드라망
無一 우학 큰스님의 〈오늘의 메시지〉 중에서